COLLECTION
S. BING

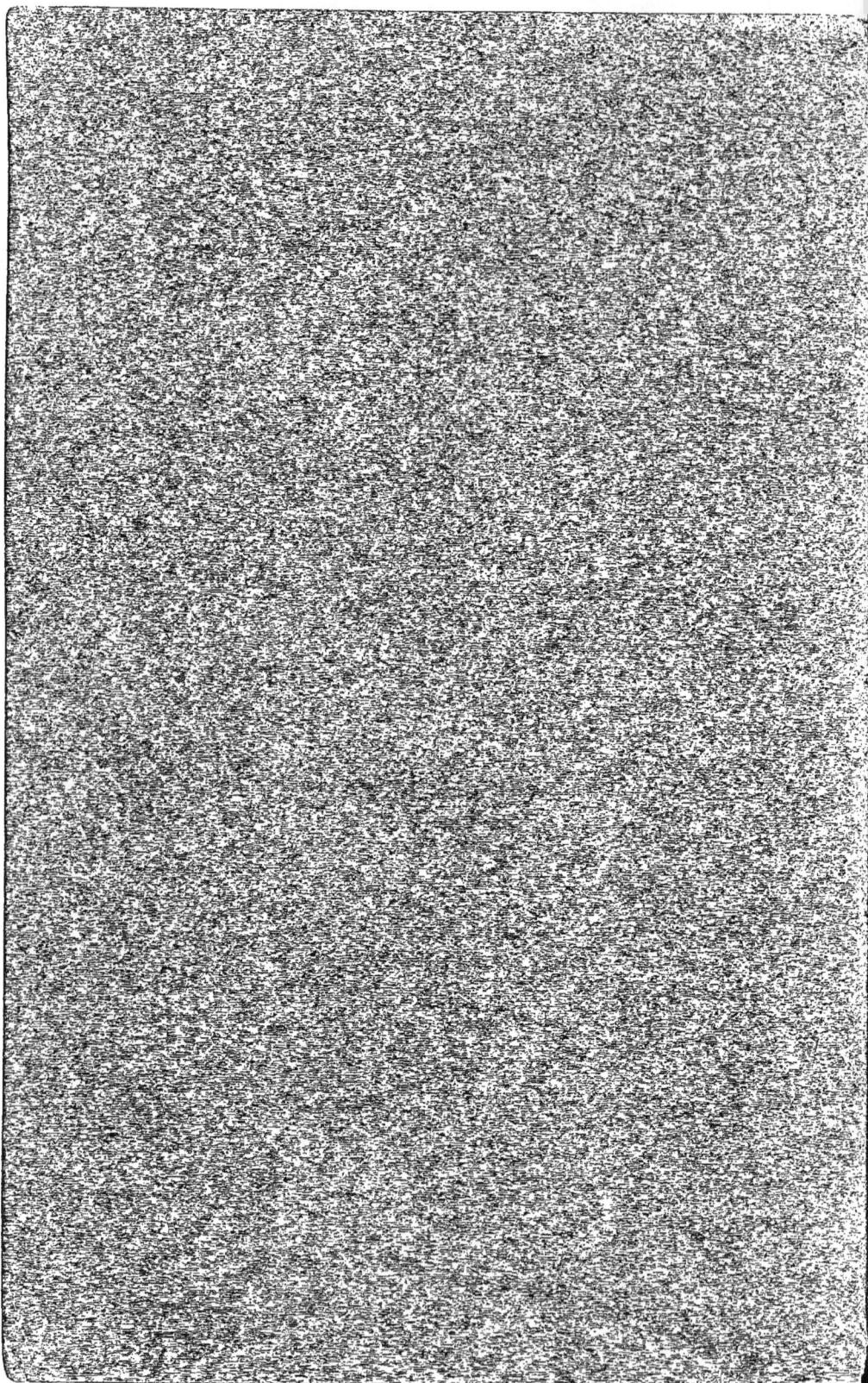

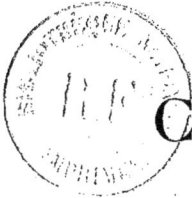

Collection S. Bing

CONDITIONS DE LA VENTE

———

Elle sera faite au comptant.

Les acquéreurs payeront *dix pour cent* en sus des en-
chères.

———

COLLECTION S. BING

Objets d'Art et Peintures

Du Japon et de la Chine

DONT LA VENTE AURA LIEU

Du Lundi 7 au Samedi 12 Mai 1906 inclus

DANS LES GALERIES DE MM. DURAND-RUEL

Rue Lepelletier, 11 et rue Laffitte, 16

PARIS

Commissaire-priseur : Me **LAIR-DUBREUIL**, 6, rue de Hanovre.

Experts : MM. **MANNHEIM**, 7, rue Saint-Georges

EXPOSITIONS :

PARTICULIÈRES : Chez M. M. BING, du 25 au 29 avril inclus,

Et chez MM. DURAND-RUEL, du 3 au 5 mai inclus,

PUBLIQUE : Chez MM. DURAND-RUEL, le 6 mai.

De 2 à 6 heures.

Sculptures

1. — Statuette en bois naturel noirci par le temps et la fumée d'encens, représentant le Bodhisatwa Kwannon. S'appuyant de la main gauche au sol, il est assis dans une pose méditative, la main droite portant contre la joue. Le costume largement drapé laisse à nu les bras et la poitrine ; les tresses épaisses de la chevelure, que surmonte un ornement rectangulaire, encadrent le visage et s'épanouissent sur la nuque suivant la mode du règne de Shiaumou. Haut. 0,13.   viiiᵉ siècle.

2. — Masque en kanchitsou représentant le visage d'un Bodhisatwa, coiffé d'une couronne basse sans ornement. Patine noire, laissant apparaître par endroits la dorure primitive. Haut. 0,19.

Style de l'époque de Kwammou (ixᵉ siècle).

3. — Figure en bois représentant Amida. Drapé du manteau indien qui laisse à découvert l'avant-bras droit et la poitrine, il est assis, la main droite

1

levée, la main gauche posée sur le genou. Les doigts sont reliés par une membrane, indice de la toute-puissance spirituelle, le pouce et le médium se touchant dans le *geste d'argumentation*. Patine noire recouvrant la dorure ancienne. Haut. 0,68.

xii⁰ siècle.

4. — Statuette en bois peint figurant l'un des Nio. Il est représenté debout, une jambe en avant, le bras gauche tendu vers le sol, le bras droit ramené à la hauteur de l'épaule dans une attitude de menace. La jupe drapée à larges plis, offre, sur un fond primitivement blanc, les traces d'un décor polychrome de rosaces et de rinceaux. Haut. 0,50.

xiii⁰ siècle.

5. — Statuette en bois naturel représentant Kwannon sous la forme dite Djouitchimen-Kwan-non (Kwannon aux onze têtes). Debout, le bras gauche mi-ployé présentant le vase au lotus, il tient la main droite abaissée vers le sol, la paume en avant, dans le *geste de charité*. Sur la chevelure, ceinte d'un bandeau à palmettes, s'étagent, en une double rangée, onze petites têtes, que domine celle, un peu plus grande, d'Amida. La jupe tombe en plis concentriques sur les jambes, encadrée par les extrémités flottantes d'une longue étole. Parure en cuivre découpé comportant un collier à pendentifs

et deux longues bandelettes fixées de chaque côté de la tête. Cabochon de cristal figurant l'urna. Haut. 0,40.   xiiie siècle.

6. — Figure en bois, primitivement peinte et dorée, représentant Monjou assis sur la chimère. L'animal symbolique s'avance la tête légèrement tournée vers la gauche, la gueule ouverte, harnaché de deux courroies auxquelles pendent des grelots et des pendeloques de cristal. Il porte sur le dos la fleur de lotus peinte en vert qui sert de siège à la divinité. Celle-ci, assise dans la pose du *lalita*, la jambe droite pendante, tient des deux mains une tige de lotus. Elle est vêtue d'une tunique à collet, dont les demi-manches s'épanouissent à la hauteur du coude en forme de feuilles de lotus, le tout présentant, en traits d'or, un fin décor de rinceaux et de médaillons. Pectoral à pendeloques garnies de cabochons. Haut 0,77.   xive siècle.

7. — Tête d'un Bodhisatwa provenant d'une statuette. Le visage porte, sur le fond clair du bois naturel, une moustache et une barbiche bouclées, légèrement tracées au pinceau ; les lèvres sont teintées de rouge et les cheveux, ceints d'un bandeau lobé, offrent des traces de peinture claire. Urna en incrustation de cristal. Cassures au lobe de l'oreille

et petites ébréchures à la lèvre inférieure. Socle moderne en bois doré. Haut. 0,14. xv⁰ siècle.

8. — Buste provenant d'une figure en bois peint, représentant un prêtre. Il est vêtu d'un manteau rouge qui laisse à nu la poitrine et découvre la manche gauche de la robe de dessous, portant, sur fond vert, les traces d'un décor à médaillons. Haut. 0,31. xvı° siècle.

9. — Petite statuette en bois peint de ton brun rouge, figurant un prêtre. Tenant de la main droite le gôko, il est assis sur une estrade basse dont les côtés sont enluminés d'un motif de lotus. Haut. 0,14.
Idem.

10. — Figure en bois laqué représentant Anokou Kwannon, assis sur un rocher surplombant les flots, la jambe gauche allongée, le pied posant sur un lotus, l'autre jambe repliée et soutenant le bras droit. Un diadème, sculpté de rinceaux et d'une petite figure d'Amida, couronne la chevelure dont les tresses retombent en longues mèches sur les épaules. Laque mordoré à patine brun rouge. Haut. 0,57. Idem.

11. — Figure en bois primitivement polychromé représentant un Rakan. Il est debout, la tête tournée vers la gauche, le dos légèrement voûté, les mains jointes sous un pan du manteau, qu'une agrafe re-

tient à l'épaule et qui laisse à nu la poitrine et le
bras droit. Haut. 0,58.   xvi° siècle.

12. — Statuette en bois laqué et doré figurant
un Bodhisatwa dans une attitude d'adoration, le
genou gauche à terre, les mains jointes pour la
prière, la tête tournée vers la gauche. Au front brille
l'urna, figuré par une incrustation de verre. Dorure
en deux tons, mate pour les chairs, brillante sur les
draperies et dont l'usure découvre par surfaces le
fond brun du laque. Haut. 0,17.   Idem.

13. — Deux statuettes en bois polychromé figurant les Doji Kongara et Seitaka, l'un et l'autre
debout sur un socle en forme de rocher et vêtus
d'une jupe à décor de grecques et de rosaces.
Haut. 0,34.   Idem.

14. — Cerf en bois peint, portant sur le dos une
selle munie d'étriers. Haut. 0,26.   Idem.

15. — Statuette en bois peint représentant un
samouraï de la cour de Hidéyoshi. Assis, le sabre
au côté, les mains posées à plat sur les cuisses, il
porte sur un kimono noir le surplis de cérémonie dit
Kami shimo, dont les vastes ailes empesées s'épanouissent aux épaules, présentant, sur un fond noir
pointillé de blanc, un *mon* à motif floral. Haut. 0,31.
Commencement du xvii° siècle.

16. — Statue en bois peint et doré représentant le Bodhisatwa Jiso, debout, tenant de la main droite le sistre à anneaux, la main gauche présentant la boule *mani*. Sur le vêtement, décor de rosaces et de frises à motifs de pivoines et de rinceaux. Auréole circulaire en bois doré, présentant le motif symbolique du Triratna. Haut. totale : 1,46. Haut. de la statue : 1,10.   xvii⁰ siècle.

17. — Statuette en bois laqué d'or représentant un prêtre mendiant, debout, tenant de la main gauche le bâton surmonté du sistre. Sur sa robe aux longues manches, à motif de pivoines en léger relief, est drapé le manteau sacerdotal décoré de rinceaux en noir et or. Haut. 0,44.   Idem.

18. — Porte-bouquet double, en bois naturel de couleur palissandre, affectant la forme d'un tronc de bambou fourchu. Haut. 0,12.   Idem.

19. — Chimère accroupie, sculptée en bois naturel de ton brun. Long. 0,25.   Idem.

20. — Ornement de fronton offrant un mascaron de démon, les mains de chaque côté du visage. Long. 0,47.   Idem.

21. — Deux frises en bois doré à motif de chrysanthèmes. Long. 1,26.   Idem.

22. — Deux écoinçons en bois doré sculptés d'un motif de chrysanthèmes. Long. 0,44.   xii° siècle.

23. — Deux panneaux rectangulaires en bois poly-chromé, sculpté et ajouré de pivoines. Haut. 0,37; Larg. 0,33.

24. — Motif d'applique en bois doré figurant un oiseau de Hô. Long. 1,10.   Idem.

25 — Statuette en bois polychromé représentant le poète Kikakou. Il est figuré assis sur une petite estrade rectangulaire, les mains posées sur les genoux et por-tant, par-dessus le kimono, un manteau noir retenu par une cordelière rouge. Haut. 0,13.   xviii° siècle.

26. — Petite statuette en bois peint et doré figu-rant une danseuse de Nô. Coiffée d'un *éboshi* doré elle s'avance le bras droit levé, vêtue d'une robe à décor de plumes et d'ornements géométriques. Haut. 0,19.   Idem.

27. — Petite figure en bois peint représentant, dans un mouvement de marche, une danseuse drapée d'un court manteau rouge à décor de rosaces en relief d'or et de couleur. Le kimono offre, sur fond bleu, un semis polychrome d'ornements géométri-ques. Haut. 0,13.   Idem.

28. — Deux lapins en bois laqué, aux yeux in-crustés de verre. Haut. 0,32.

29. — Deux écoinçons en bois polychromé, sculptés à jour d'un plant de pivoines, Haut. 0,60.

xiiie siècle.

30. — Motif d'applique en bois doré, sculpté de chrysanthèmes. Long. 0,90.   Idem.

31. ——— figurant un groupe de trois cigognes au vol. Long. 1,18.   Idem.

———

32. — Petit panneau en bois doré, ajouré et sculpté en ronde-bosse. Trois philosophes sous les arbres, accompagnés de deux enfants, l'un déroulant un makiyémono, l'autre debout à la porte d'un jardin. Long. 0,30; Haut. 0,08.

Travail chinois.

Masques de Nô

33. — Masque de Nô. Type de Rachomon, peint en vert, les yeux dorés.   xviie siècle.

34. ——— Type de Daïkokou, en bois peint de couleur brune.   xviiie siècle.

35. ——— Type d'Okina, les joues garnies de deux touffes de crins figurant les favoris.   Idem.

36. ——— Type de Roço (?), figurant un vieillard à la bouche édentée.   Idem.

37. ——— Type de Yama-Ouwa, en bois laqué de ton rouge.   Idem.

38. ——— Type de Hannia, en bois doré. Idem.

39. ——— Type d'Obéchimi, en bois laqué de ton chair, rehaussé de rouge et d'or.   Idem.

40. ——— Type de femme du peuple, aux joues creusées de deux fossettes.   Idem.

41. — Masque de Nô. Type de Yamano-Kami, en bois laqué brun rouge.   xiii° siècle.

42. ———— Type d'Otobidé, en bois laqué or.

Idem.

43. ———— Type de Rachomon, en bois laqué de ton bronzé.   Idem.

44. ———— Type d'Otobidé, en bois laqué or.

Idem.

45. ———— Type de vieillard au visage creusé de rides profondes, aux pommettes saillantes, en bois laqué de ton brun clair.

Laques

46. — Boîte à miroir circulaire à couvercle légèrement bombé, les bords sertis d'étain. Sur un terrain rocheux battu par les flots, s'élève une floraison
de chrysanthèmes, partie en incrustations de nacre,
partie en laque d'or sur fond très finement poudré.
Au revers de la boîte et du couvercle, semis de
branches fleuries en or sur fond noir. Diam. 0,115.

Époque de Kamakoura.

47. — Grande boîte à papier rectangulaire, à
rebord biseauté. Les côtés et le couvercle offrent,
en incrustations de burgau sur fond noir, un décor
partiellement mosaïqué figurant des rochers d'où
s'élancent les branches tordues d'un cerisier fleuri.
Au premier plan, s'avancent deux personnages
accompagnés d'un chien, le détail des figures finement indiqué au trait. Long. 0,39; larg. 0,31.

x111ᵉ siècle.

48. — Coffret pour la cérémonie du thé, de
forme rectangulaire, avec tiroir latéral, en laque
noir à patine brun rouge. Décor en incrustation de
nacre, figurant, sur le couvercle, un tronc de cerisier fleuri et, sur les côtés, un semis d'ornements
géométriques, triangles, étoiles, etc. A l'intérieur
du couvercle, deux feuilles de sagittaire. Long. 0,20 ;
larg. 0,11 ; haut. 0,13.   xve siècle.

Laques du XVIe siècle.

49. — Boîte à miroir circulaire et plate à bord
biseauté. Elle est décorée, sur fond noir à patine
écaille, d'un cavalier, en incrustation de burgau,
chevauchant au milieu de fougères et de graminées
en laque d'or plat. Dans le haut se penche une
branche de pin, également incrustée en burgau. Le
revers du couvercle en nachiji mordoré. Diam.
0,115.

50. — Écritoire rectangulaire en laque noir pointillé d'or pâle. Le couvercle, à bords biseautés, est
décoré, en angle, de deux cigognes piquant du bec
dans la vase, l'une exécutée en laque d'or gravé,
l'autre en incrustation de plomb. Long. 0,27 ; larg.
0,18.

51. — Écritoire rectangulaire à couvercle légère-

ment bombé. Sur un fond de laque brun, s'enlève,
en légers reliefs de laque d'or avec rehauts d'aogaï-
nuri et de laque brun rouge poudré, le groupe des
Sennin Gama, Tekkaï et Tchokwaro. Au revers du
couvercle et sur le plateau intérieur, décor de
pivoines et d'une chimère, en laque brun et or sur
fond noir. Long. 0,23; larg. 0,22.

52. — Nakachighi, de forme cylindrique, en bois
naturel, contourné d'un décor de chrysanthèmes en
léger relief de laque d'or, s'enlaçant aux montants
d'une palissade en incrustation de burgau. Haut.
0,085; Diam. 0,07.

53. — Petite boîte à parfums carrée, à angles
arrondis et bords sertis d'étain. Laque noir poudré
d'or et décoré, en léger relief, d'une tige fleurie,
dont les fruits et les feuilles sont figurés en incrustation de bronze doré. Côté 0,06.

54. — Écritoire rectangulaire à couvercle biseauté.
Décor en laque d'or mat piqueté de petits points
brillants, représentant, sur fond de laque noir partiellement usé, un lièvre au milieu d'une touffe de
graminées. L'intérieur du couvercle et de la boîte
offre, sur fond rouge, la vue d'une forêt de mélèzes
sous la lune, en laque d'or, plomb et burgau. Long.
0,28 ; larg. 0,17.

55. — Écritoire rectangulaire en laque noir, à couvercle largement biseauté et décoré, en fort relief d'étain, d'une troupe de cerfs et de biches. Le revers du couvercle, surdécoré postérieurement, offre en relief de métaux variés, de laque d'or et de couleurs, un semis de feuilles d'érable et une libellule aux ailes émaillées. Long. 0,29; larg. 0,21.

56. — Gourde à saké en forme de tambourin, surmonté d'un court goulot. Les deux faces décorées, sur nachiji mordoré, de dragons en incrustations de burgau rehaussé de laque d'or. Motif de nuages en laque bronzé sur le pourtour. Haut. 0,18; diam. 0,15.

57. — Écritoire rectangulaire offrant, sur fond mosaïqué de burgau, un décor touffu de vignes au milieu desquelles courent des écureuils, partie en laque d'or, partie en incrustations de burgau. Intérieur en laque rouge frotté d'or. Long. 0,24; larg. 0,20.

58. — Grande boîte à papier rectangulaire, en laque noir. Sur le couvercle est figuré un décor en laque d'or, incrustation de nacre et de plomb, représentant Dharma assis à l'avant d'une barque. Devant lui est fichée une rame, au sommet de laquelle s'est posé un corbeau. En arrière-plan, la vue d'un pont, au plancher de nacre et de plomb. Les côtés, garnis de deux anneaux mobiles en bronze rouge à motif

de dragons, sont contournés d'un décor de flots stylisés. Long. 0,38; larg. 0,275; haut. 0,13.

Laques du XVIIe siècle.

59. — Petite boîte à parfums, de forme haute et
losangée, à rebord biseauté et montée sur quatre
petits pieds. Couvercle à recouvrement très profond,
offrant un décor de rosaces, coupé de chrysanthèmes
stylisés ; le tout en laque d'or sur fond noir. Boîte
intérieure, répétant la forme de la pièce et composée de quatre compartiments superposés, décorée de
frises de rinceaux et, sur le couvercle, de deux
cigognes affrontées. Intérieurs et revers en nachiji.
Haut. 0,065 ; long. 0,06.

60. — Petit tchaïré, de forme surbaissée, à bord
biseauté. Sur un fond d'oki-hiramé, est figurée en
laque brun, laque gris et léger relief de laque d'or,
une plage plantée de pins et que traversent des porteurs d'eau salée. Haut. 0,05; diam. 0,05.

61. — Nakachighi affectant la forme d'un fruit. Il
offre en léger relief, rehaussé de menus kirikané
sur fond d'or mat, les tiges sinueuses d'une plante
fleurie. Haut. 0,07; diam. 0,08.

62. — Tchaïré cylindrique à bords biseautés, en

laque noir à surface grenue. Haut. 0,06 ; diam. 0,055.

63. — Écritoire rectangulaire, recouverte sur toutes les faces extérieures d'un décor de damier en laque noir et kirikané. Le couvercle présente, en vigoureux relief de laques d'or et d'argent nuancés, le décor d'un rocher et d'une branche de cerisier en incrustation d'argent massif, portant des fleurs d'ivoire et de corail. Quatre rossignols d'or et d'argent ciselé sont figurés au vol ou posés sur les branches. L'intérieur du couvercle et de la boîte offre, sur fond aventuriné, la vue d'un paysage rocheux puissamment modelé en laque d'or, que domine une pagode en or auprès d'un pin au feuillage d'argent. Au premier plan, un rivage baigné par les flots que traverse un pont en incrustation d'argent et d'or. Long. 0,22 ; larg. 0,20.

Décor dessiné par *Sanrakou*, ciselure par *Goto Teijo*, dont la signature est incrustée sous le compte-gouttes en chakoudo figurant une tige de chrysanthème.

64. — Pot à cendres de forme octogonale à couvercle plat, décoré, sur toutes les surfaces, d'un nuagé de kinpun et de nachiji rompu de kirikané d'or et d'argent. Haut. 0,075 ; diam. 0,06.

65. — Petit pot hémisphérique en bois naturel,

contourné d'une frise à motif de cerisiers fleuris en laque d'or, aogaï-nuri et kirikané sur fond d'aventurine. La tranche incrustée de fleurettes en burgau. Diam. 0,065.

66. — Petite boîte à parfums rectangulaire et plate en laque blanchâtre. Branche de chrysanthèmes fleuris en laque noir, rehaussé d'or. Intérieur nuagé d'aventurine sur fond noir. Long. 0,065; larg. 0,055.

67. — Petite boîte à parfums rectangulaire à coins arrondis, offrant à l'extérieur, sur un semis de kirikané d'or et d'argent, un plant de courges en léger relief d'or. L'intérieur en ghiobou. Long. 0,05; larg. 0,04.

68. — Plateau rectangulaire à bords obliques et supporté par quatre petits pieds. Laque noir décoré, en relief de laque mat, laque bronzé, et laque rouge, d'un cerisier fleuri, sous une averse figurée par un poudré de kirikané d'argent. Long. 0,295; larg. 0,155.

69. — Petite boîte rectangulaire et plate en laque noir, le couvercle décoré d'une touffe de datura au feuillage d'or, aux fleurs de laque d'argent et de laque rouge, avec incrustations de points d'or et d'argent figurant les gouttes de rosée sur les feuilles. Intérieur en nachiji. Long. 0,13; larg. 0,12.

Kôrin et son école.

70. — Écritoire rectangulaire en laque d'or mat,
à bords biseautés. Sur le couvercle et sur le pourtour sont figurés, partie en incrustations de burgau,
partie en léger relief de laque d'or, les troncs enla-
cés d'un pin et de trois cerisiers à fleurettes d'étain,
au milieu d'une floraison de graminées finement
modelées. L'intérieur offre, en laque d'or plat sur
fond noir sablé de nachiji, un décor floral figurant
au revers du couvercle, une plantation de chrysanthèmes et, sur le fond de la boîte, des tiges d'ombelles aux fleurs mosaïquées d'argent sur fond brun
rouge. Long. 0,24; larg. 0,215.

71. — Écritoire rectangulaire à couvercle bombé,
en laque noir coupé d'une large zone de laque d'or,
sur laquelle s'avance un cavalier en incrustation de
plomb gravé et de burgau. A l'intérieur, motif de
pins stylisés en laque d'or et étain. Long. 0,235;
larg. 0,215.

72. — Boîte rectangulaire en vannerie, de ton
brun rouge, à couvercle bombé, décoré d'une floraison d'iris en relief de laque d'or, étain et burgau.
Sur les côtés, deux petits anneaux de bronze servant
à fixer les cordelières. Long. 0,24; larg. 0,21.

73. — Boîte à tabac rectangulaire, à couvercle plat, en bois naturel, décoré d'un groupe de pins parasols en étain, burgau et laque d'or. Sur l'autre face, deux tortues marines dans les flots, en relief de laque d'or. Coulant en laque brun incrusté de deux coléoptères. Long. 0,08; haut. 0,07.

74. — Boîte à tabac de forme ovale, en bois naturel, décorée, en laque d'or, étain et burgau, d'un cerf couché au milieu de feuillages sous le disque de la lune. Long. 0,09 ; haut. 0,05.

75. — Tchaïré cylindrique, avec couvercle à bords biseautés. Laque d'or mat, décoré, en léger relief, de plantes fleuries et de tiges d'aoï aux feuilles incrustées en burgau. Intérieur nachiji. Haut. 0,075 ; Diam. 0,07.

76. — Support de coupe en laque d'or avec large rebord, décoré, ainsi que le piédouche, d'une tige d'iris en étain, aux fleurs de nacre incrustée. Haut. 0,07.

Ritsuô et son école.

77. — Porte-cantine en bois naturel, de ton noir, à trois faces, l'une d'elles largement évidée, les deux autres réunies par une poignée de bambou. Décor en relief de faïence polychrome et laqué d'or figu-

rant un canard sur un rocher sculpté et poudré
d'or ; sur l'autre face, une plage semée de coquillages. Haut. 0,22 ; larg. 0,16.

78. — Pot cylindrique de forme très surbaissée,
taillé dans un nœud de bambou à patine brune.
Sur le fond très fruste du bois naturel est figurée,
en laque d'or, une tige dont les feuilles sont exé-
cutées en étain, en nacre et en faïence, l'une d'elles
portant une coccinelle en laque rouge ; de l'autre
côté rampe un colimaçon. Diam. 0,10 ; haut. 0,05.

79. — Petite boîte à parfums en laque polychrome
figurant Hoteï accroupi se touchant le front de la
main gauche. Haut. 0,04.

80. — Natsumé cylindrique en laque brun rouge
à surface rugueuse imitant le bois. Il est décoré,
sur toutes les faces d'hortensias, aux fleurs mosaïquées de burgau, aux feuilles de laque d'or et
laque mordoré, d'étain, d'écaille et de plomb. Haut.
0,075 ; diam. 0,065.

81. — Boîte à tabac en bois naturel dont une face,
à surface rugueuse, est décorée d'une tige de roseau
en ivoire vert. Sur le couvercle, est sculpté, en bois
brun rouge, un crabe aux yeux incrustés. Haut.
0,06 ; long. 0,075.

82. — Boîte à tabac en laque brun, marbré de

taches fauves, offrant, d'un côté, une libellule en incrustations d'étain, d'écaille et de nacre, au-dessus d'une touffe d'herbes en laque gris, or et burgau. L'autre face est décorée d'une mante religieuse, en ivoire jaune et vert, au pied d'une plante fleurie. Les tranches sont garnies d'une plaquette d'os percée pour le passage du cordonnet. Haut. 0,09; long. 0,10.

83. — Nakachighi de forme ovoïde surmonté d'un court goulot avec couvercle à recouvrement. Bois naturel de ton brun clair, décoré d'une tige feuillue en laque d'or, étain, burgau et faïence. Haut. 0,10.

84. — Grande gourde à saké de forme ovale à côtés plats. Sur le fond de laque noir, coupé d'un réseau en mosaïque de burgau, s'enlève un décor en relief de laque polychrome et de faïence, figurant, au milieu des algues, d'une part un turbot et une pieuvre, et, sur l'autre face, un crabe auprès d'une seiche. Haut. 0,23; diam. 0,18.

85. — Boîte rectangulaire et plate en bois naturel moiré. Le couvercle à bords biseautés et laqués, présente, en très épais reliefs de faïence, un décor de coquillages au milieu d'algues en laque d'or. Intérieur en laque noir. Long. 0,20; larg. 0,18.

86. — Boîte à éventail en bois naturel de couleur

acajou. Elle est décorée, en relief de laque rouge, de
nacre et de laque d'or, d'une branche d'églantine
fleurie, sur laquelle grimpe une mante religieuse
sculptée, en corne verdâtre. Au-dessous, vole une
abeille au corselet de faïence. Long. 0,33.

87. — Coffret pour la cérémonie du thé, de forme
haute et rectangulaire. Il est décoré, sur fond noir,
d'un daim tacheté, vu de dos, au milieu d'une touffe
de graminées en laque d'or et burgau dont le décor
se continue sur les côtés de la boîte. L'animal est
figuré en relief de faïence, les cornes en incrustation d'ivoire. Sur les côtés sont fixées deux plaquettes
de bronze ciselé et ajouré, à motif de chrysanthèmes,
avec anneaux mobiles pour maintenir les cordon-
nets. Long. 0,19; larg. 0,13; haut. 0,13.

Laques du XVIII° siècle.

88. — Coffret de forme haute et rectangulaire, en
laque noir. Le couvercle et les côtés sont décorés,
en légers reliefs modelés, de rochers battus par les
flots, au-dessus desquels tourbillonnent des vols d'oiseaux; le tout rehaussé par endroits, d'un fin poudré
d'or et de kirikané. Un décor analogue se répète sur
un plateau intérieur. Le biseau du couvercle est laqué
d'or à motif de rinceaux; le revers et les parois

intérieures de la boîte nuagés de nachiji mordoré.
Long. 0,18; larg. 0,115; haut. 0,115.

89. — Boîte en forme de sphère aplatie, en laque
noir, offrant, sur le pourtour du couvercle et sur
le dessous de la boîte, un semis d'aiguilles et de
pommes de pin en laque d'or. Intérieur en hiramé.
Diam. 0,13.

90. — Natsumé cylindrique de forme surbaissée.
Décor en laque plat figurant un semis de feuilles
d'érable, en or sur fond noir, avec quelques rehauts
d'aventurine. Le même décor, sur fond nachiji, se
répète à l'intérieur de la boîte. Diam. 0,075; haut.
0,055.

91. — Coffret rectangulaire en bois naturel de ton
clair, à bords sertis d'argent. Sur le couvercle est
figuré, en relief d'or et d'argent, un chat accroupi
auprès d'une touffe de pivoines fleuries. Les côtés
sont décorés de motifs d'oiseaux, martin-pêcheur
sur un roseau, hirondelle au vol, bergeronnette sur
un rocher. Intérieur et biseau du couvercle aventuriné. Long. 0,18; larg. 0,13; haut. 0,12.

92. — Pot à cendres quadrangulaire, à bords
lobés, monté sur quatre petits pieds. Sur les côtés
se développe la vue d'un paysage montagneux
planté d'arbres fleuris et baigné par une rivière au

cours sinueux ; le tout s'enlevant, sur fond d'or
plein, en légers reliefs d'or variés, avec menues
incrustations de kirikané d'or et d'argent. Haut.
0,065 ; larg. 0,06.

93. — Pot à cendres cylindrique à bords arrondis,
en laque d'argent, décoré de deux touffes de graminées légèrement modelées au laque d'or. Haut. 0,07 ;
diam. 0,055.

94. — Boîte rectangulaire et plate à bords sertis
d'argent. Elle présente, sur le couvercle, en toghidachi d'or sur fond noir pailleté de nachiji, un motif de
vagues finement estompé, coupé d'une inscription
en relief d'argent. Le revers du couvercle, offrant,
ainsi que l'intérieur, un sujet analogue, est décoré
d'un oreiller, en relief de laque d'or, à motif de chimère sur l'une de ses faces. Long. 0,20 ; larg. 0,18.

95. — Gourde à saké en forme de croissant,
décorée, sur la face extérieure et sur le dessus,
d'un vieux pin en mosaïque de burgau. La face
intérieure offre deux médaillons, l'un à motif de
bambous, l'autre à sujet de fleurettes et d'un natté
d'osier, le tout incrusté d'ivoire vert et blanc.
Long. 0,25 ; haut. 0,085.

96. — Gourde à saké en bois laqué. Elle est formée d'une statuette figurant un Chojo en laque

polychrome, assis, son éventail sur les genoux et
retenant du bras gauche une bouteille à long col,
laquée d'or et décorée d'un semis de médaillons.
Larg. 0,22; haut. 0,21.

97. — Petite boîte carrée avec couvercle à recouvrement, ajourée sur les quatre faces. Elle est décorée, sur toutes les parois, d'un motif de méandres
figurant les flots de la mer, en laque d'or sous lequel
transparaît un fond de laque rouge. Côté, 0,08;
haut. 0,035.

98. — Petite boîte à parfums en laque rouge
sculpté, figurant une tête d'homme. Haut. 0,04.

99. — Pot à cendres couvert, de forme cylindrique,
à bords arrondis. Décor, sur fond noir hiramé, de
branchettes de pin et de cerisier fleuri en très léger
relief de laque d'or. Intérieur doublé en argent.
Haut. 0,06; diam. 0,07.

100. — Petite gourde formée d'un fruit naturel et
incrustée en cuivre d'un semis de fleurs de cerisier.
Haut. 0,05.

101. — Petite boîte en laque d'argent, de forme
ovoïde, simulant un héron accroupi. Les yeux mi-
clos, sont figurés en nacre et laque d'or. Restauration
à la base. Haut. 0,065.

102. — Petit pot sans couvercle en forme de barillet. Laque d'or veiné imitant le bois et décoré, en très léger relief d'or, de tiges fleuries auprès d'une palissade. Haut. 0,055 ; diam. 0,045.

103. — Pot à thé de forme ovoïde très allongée, à couvercle côtelé et surmonté d'un médaillon en forme de chrysanthème. Décor de graminées et d'œillets sauvages, en toghidachi d'or sur fond nachiji. Haut. 0,08 ; diam. 0,04.

104. — Petite boîte oblongue et plate en laque noir pavé de kirikané et présentant, sur le couvercle et les tranches, un semis de chrysanthèmes et de feuilles de vigne vierge, en ors nuancés et laque rouge. Intérieur aventuriné. Long. 0,07 ; larg. 0,055.

105. — Petite boîte en laque d'or, de forme plate et rectangulaire à deux coches. Elle figure deux radeaux juxtaposés formés de troncs d'arbres sur lesquels est jetée une branche de cerisier fleuri. Motif d'ondes sur les tranches. Intérieur aventuriné. Long. 0,13 ; larg. 0,06.

106. — Petite boîte à parfums de forme octogonale, creusée dans un bloc de bois noir. Elle est incrustée d'un médaillon en chibuitchi à décor gravé représentant un cerf dans la montagne, sous le disque de la lune en incrustation d'argent. Petite agrafe en or sur une fêlure du bois.

107. — Petite boîte rectangulaire et plate en laque d'argent, offrant, en laque d'or et de couleurs, une poétesse en costume de cour; au-dessus est tracée une poésie. Intérieur aventuriné. Long. 0,07 ; larg. 0,06.

108. — Petite boîte rectangulaire et plate à coins arrondis. Elle est décorée, sur fond brun rouge, d'un cheval en toghidachi d'or. Intérieur en nachiji. Long. 0,06; larg. 0,05.

109. — Petite boîte circulaire en laque noir décoré de deux papillons, l'un finement modelé et tacheté de rouge et d'argent, l'autre en laque d'or. Diam. 0,065.

110. — Petit plateau rectangulaire en laque rouge, très finement peint, en toghidachi d'or et d'argent, d'une grande feuille de nélumbo et de deux fleurs. Le revers en nachiji sur fond brun. Long. 0,145 ; larg. 0,115.

111. — Plateau à bord lobé, décoré, sur fond noir, de deux anémones épanouies en toghidachi d'or, d'argent et de laque rouge partiellement rehaussé d'aventurine. Long. 0,27; larg. 0,215.

112. — Très petite boîte à fard, en fer laqué d'or et décoré d'un groupe de cerfs sous la lune, modelé en léger relief. A l'intérieur, trois petites boîtes en

argent, avec couvercle à glissière. Long. 0,04 ;
larg. 0,03.

113. — Socle en bois naturel massif décoré, en
laque d'or, de deux poétesses auprès d'un puits.
Haut. 0,125.

Laques du XIXᵉ siècle.

114. — Petite boîte formée d'un fruit naturel,
garni de son pédoncule. Elle est décorée d'une
feuille de vigne vierge en laque vert nuancé de rouge
avec nervures d'or, sur laquelle est posée une coccinelle en incrustation de burgau. Sur l'autre face,
rampe une sauterelle en laque d'or mosaïqué de
malachite. Haut. 0,05.

115. — Bol évasé en laque d'argent finement
poudré d'or, décoré à l'intérieur de têtards en léger
relief de laque noir. Diam. 0,14.

Coupes à saké.

116. — Petite coupe basse, décorée, sur fond noir,
en laque d'or, d'argent et de couleurs. Trois haleurs
courent en tirant une corde, à l'extrémité de laquelle
est liée une énorme gousse de piment, visible au
revers de la pièce.

117. — Coupe basse offrant intérieurement, en laque d'argent ton sur ton, la cime du Fouji émergeant d'une zone de nuages au milieu desquels serpente un dragon. Extérieur laqué rouge.

118. — Coupe à saké en plomb, laquée, en relief brun, d'un tronc noueux de cerisier aux fleurettes de sentokou.

119. — Coupe à saké, laqué d'or mat, à décor de chrysanthèmes en relief de laque polychrome.

120. — Coupe à saké, offrant, sur fond de laque rouge, une fleur de pivoine largement épanouie, modelée en laque d'argent et d'or.

Inro

—

121. — Grand inro à quatre cases en laque noir offrant des traces de nachiji. Décor, en léger relief de laque mordoré à patine écaille avec rehauts de burgau, représentant un daïmio, sous les pins, accompagné d'un groupe de serviteurs.

Commencement du xviie siècle.

122. — Inro à deux cases de forme ovale et basse, en laque d'or, décoré en fort relief de laque, d'étain et de nacre, d'un tronc de prunier fleuri.

123. — Inro à trois cases, offrant un motif de vagues écumantes et de brise-lames, en fort relief d'étain et de nacre sur fond noir strié de lignes d'or.

124. — Inro à trois cases, en laque noir, décoré sur une face de pousses de fougères et de bambou en incrustation de plomb, de faïence et de burgau ; le revers simule un vieux bâton d'encre de Chine,

avec inscription et encadrement d'attributs variés
en relief.

125. — Inro à trois cases, en écaille, décoré d'un
vol de libellules en relief de plomb et de burgau
avec rehauts de laque d'or.

126. — Inro à trois cases. Bois naturel à surface
rugueuse décoré d'un motif de vagues tracé en laque
d'or et d'un vol de passereaux en relief de métaux
divers.

127. — Inro à cinq cases. Bois naturel sculpté,
figurant le tronc d'un pin, sur lequel est posée une
cigale en relief de laque. Au revers, sur fond de
laque noir, deux arçons de selle en laque d'or.

128. — Grand inro à quatre cases, en laque d'or,
décoré, en léger relief, d'un danseur de Nô sur une
estrade et, sur l'autre face, d'un jeune homme portant une boîte.

129. — Inro à trois cases, décoré, en toghidachi d'or
sur fond noir poli, d'une barque sur les flots poussée
par un rameur et portant un buffle chargé de fagots
qu'accompagne un enfant.

130. — Inro à trois cases en laque d'or plein.
Décor en léger relief, avec incrustations de burgau,

représentant le renard déguisé en pèlerin, en arrêt
devant le piège que les paysans lui ont dressé.

131. — Inro à deux cases, de forme large et
basse, décoré, en toghidachi d'argent et d'or sur
laque rouge, d'un semis de fleurettes charriées par
les ondes sinueuses d'un ruisseau.

132. — Inro à trois cases, de forme basse, décoré
en toghidachi d'or et de couleurs, d'une barque char-
gée de passagers, le motif passant sur les deux faces
de la pièce. Trois haleurs tirant la corde sont figurés
sur le plat du couvercle.

133. — Inro à trois cases; laque noir décoré en
relief de physalis rouges aux gousses entr'ouvertes.

134. — Inro à quatre cases, en laque d'or mat à
surface grenue, sur lequel sont semées des fleurs
de chrysanthèmes en légers reliefs d'ors variés. Au
revers est tracé un caractère d'écriture archaïque.

135. — Inro à trois cases, de forme annelée, en
ghiobou sur fond d'or plein, avec semis de chrysanthèmes héraldiques en léger relief.

136. — Inro à quatre cases, en laque noir poli et
décoré d'un large tronc de cerisier, en relief de laque
mordoré, finement poudré d'or et pailleté de kiri-

kané, les fleurs figurées en incrustation d'ivoire
blanc.

137. — Inro à quatre cases, offrant, en très fin
toghidachi d'or sur fond noir, la vue d'un bois de
mélèzes, abritant deux lanternes de cimetière.

Peignes

---

138. — Peigne décoré, sur une face, d'un sujet d'apparitions monstrueuses, en bois naturel gravé et sculpté. Revers laqué d'or plein à motif de chrysanthème en plomb et nacre.

139. — Grand peigne en ivoire patiné, sculpté et ajouré de deux dragons tenant la perle sacrée, figurée par une incrustation de nacre.

140. — Peigne en ivoire, de forme très basse, ajouré d'un vol de deux hérons dans les roseaux.

141. —— à décor de rinceaux sculptés en laque rouge sur fond noir.

142. —— en oki-ghiobou, décoré d'un *mon* à trois feuilles, en laque bronzé sur fond acajou.

143. —— en kinpun poli.

144. — Grand peigne en corne blonde ajourée et sculptée d'un cerisier fleuri.

145. — Peigne en bois naturel, de forme semi-circulaire, sculpté à jour d'un tronc de cerisier fleuri.

146. — Grand peigne semi-circulaire, à bords festonnés, offrant, sur les deux faces, en léger relief de laque d'or, un coucher de soleil sur la mer avec un vol de petits oiseaux.

147. — Peigne en ivoire décoré, sur les deux faces, en laque d'or, d'un coffret muni de sa longue cordelière.

148. —— semi-circulaire, en ivoire sculpté et peint, à motif d'iris dans les flots.

149. —— en ivoire, décoré d'un magnolia fleuri, en incrustation à plat de nacre et de burgau.

150. —— en laque d'or, décoré d'une tige de pivoine fleurie en léger relief, rehaussé de touches roses et de feuilles d'or.

151. — Grand peigne en laque d'or, décoré d'une tortue dont la carapace est figurée par une épaisse application d'écaille sculptée. Au revers, brise-lames avec incrustation de pierres et de nacre.

152. —— en laque d'or offrant, sur les deux faces, en incrustation de nacre et de plomb, le décor d'un cep de vigne.

153. — Peigne en laque d'or figurant, sur les deux faces, un torrent coulant entre des rochers, et charriant des fleurs de cerisiers en laque d'argent.

154. — Petit peigne à monture métallique en incrustation de métaux variés. Décor de cartouches gravés, de fleurettes et d'oiseaux.

155. — Très petit peigne en ivoire, laqué d'un paysage sous la lune et d'une femme battant du linge.

156. — Petit peigne en ivoire sculpté et ajouré d'un pigeon sous un bambou.

Céramique

Porcelaines de Chine.

157. — Grand vase de forme très élancée à col
rétréci et goulot évasé. Couverte crème, craquelée
à surface grumeleuse. Quelques fêlures. Haut. 0,54.

Dynastie des Soung ; xii⁰ siècle.

158. — Petit plat, de terre très épaisse, à couverte gris moucheté ; au centre, la forme d'un crabe
gravée dans la pâte et émaillée de gris rosé. Diam.
0,16.   Idem.

159. — Grand bol genre « clair de lune », à
bord légèrement rentrant, contourné d'une gorge
vers la base. La couverte gris bleu se dégrade dans
le fond en une nappe craquelée de ton bleu clair.
Haut. 0,09.   Idem.

160. — Grande jardinière à large panse sphérique décorée, sur couverte violette, de rinceaux en
relief à feuillages verts et fleurs blanches. Haut. 0,26.

Dynastie des Ming.

161. — Bol de forme conique à la base, s'évasant largement dans le haut. Couverte blanche craquelée et légèrement tachée de rose ; le pied cerclé d'un double anneau bleu. Haut. 0,06.

Période Tching-Hoa.

162. — Coupe en blanc de Chine, en forme de lotus garnie d'une tige et de son bouton. Long. 1,45.

Période Kang-Chi.

163. — Coupe basse en blanc de Chine, décorée, sur la paroi, d'une frise, en relief, de branches de cerisiers fleuris. Diam. 0,07.   Période Kang-Chi.

164. — Porte-bouquet en blanc de Chine, figurant une feuille de nénuphar roulée en cornet avec deux fleurs et liée par une herbe. Légères réparations à la base et au bord supérieur. Haut. 0,12.

Période Young-Tching.

165. — Coupe à fond blanc décorée, en vert clair, d'un groupe de bambous. Légère ébréchure. Diam. 0,10.   Idem.

166. — Coupe largement évasée en émail blanc, décorée extérieurement d'une touffe de pavots roses et blancs, à feuilles vertes ; à l'intérieur, deux fleurs de cerisier. Diam. 0,09.   Idem.

167. — Fragment de coupe monté en argent et

décoré de deux papillons exactement repérés sur
chaque face. Haut. 0,07. Période Young-Tching.

168. — Brûle-parfums tripode en forme de
sphère aplatie et revêtu d'émail bleu ; le décor est
formé par une monture en étain ciselé, de travail
japonais, figurant un semis de fleurs de cerisier.
Couvercle en bois surmonté d'un bouton en jade.
Haut. 0,06.

Porcelaine de Gorochitchi.

169. — Petit pot à thé de forme sphérique. Couverte grise décorée de médaillons à fleurettes bleues
sur fond réticulé. 0,055.

Porcelaines de Satsuma.

170. — Vase à large panse et long col flanqué de
deux anses en forme de tête d'éléphant. Émail crémeux craquelé semé de feuilles d'érable rouge, vert
et or. Haut. 0,21.   xviiie siècle.

171. — Paire de plaques rectangulaires représentant des cavaliers, au bord de la mer, en émaux noirs,
verts, rouges et or. Larg. 0,225.   Idem.

172. — Kogo en forme de canard mandarin au

plumage doré, vert, bleu et rose. Socle en ivoire à
patine verte figurant une feuille de nénuphar sur
laquelle est posée une grenouille. Haut. 0,075.

xviii° siècle.

173. — Kogo figurant un lapin. Émail crème tacheté de noir et d'or. Haut. 0,065.   Idem.

174. — Vase à fleurs de forme conique surmonté
d'un goulot. Décor de paysages et d'animaux dans des
cartouches de formes diverses, entourés de pampres,
le tout en émaux verts, rouges et or sur fond crème
craquelé. Haut. 0,14.   Idem.

175. — Presse-papier figurant une branche de
cerisier tachetée d'or et de bleu, les fleurettes s'enlevant en relief rouge. Haut. 0,05.   Idem.

176. — Petit porte-bouquet en forme de barillet,
avec trois médaillons ajourés à décor de bambous en
émaux rouges, verts et or, s'enlevant sur un fond
doré à décor géométrique. Haut. 0,05.   Idem.

177. — Kogo en forme de sphère aplatie à couverte crémeuse craquelée, décoré de pins rouges et
verts coupés de nuages d'or. Diam. 0,04.   Idem.

178. — Kogo figurant un éventail mi-fermé, décoré de deux pivoines en or et couleurs. Tranches
décorées de frises géométriques et de rinceaux.
Long. 0,065.   Idem.

179. — Kogo rectangulaire à bords arrondis, décoré d'un semis de chrysanthèmes en or et couleurs coupé d'une zone sinueuse en émail blanc craquelé. Long. 0,06. xviiⁱᵉ siècle.

180. — Petite bouteille à long col en émail crème craquelé, surdécoré en noir de branches de chrysanthèmes et d'une poésie tracée en caractères d'or. Haut. 0,14. Idem.

181. — Petite boîte carrée en émail blanc craquelé, décorée sur le couvercle d'une vue du Fouji, en or, et, au premier plan, de fleurettes rouges. Sur les côtés, décor géométrique vert et rouge encadrant des médaillons de fleurs. Larg. 0,04. Idem.

182. — Petit bol, l'intérieur en émail blanc craquelé, l'extérieur décoré de zones à ornements géométriques en émaux rouges, bleus et or. Haut. 0,03. Idem.

183. — Très petit écran figurant des chrysanthèmes et des fleurs des champs, en émaux rose, vert et or sur fond crémeux craquelé ; encadrement géométrique de même couleur. Monture en chibuitchi niellé d'or. Haut. 0,045. Idem.

184. — Porte-bouquet en forme d'éventail à couverte crémeuse. Haut. 0,23. Idem.

Porcelaines de Koutani.

185. — Brûle-parfums rectangulaire en émaux vert et jaune, le couvercle surmonté d'une chimère, et flanquée aux angles de quatre mascarons d'animaux fantastiques. Sur chaque face, médaillon à décor de bâtonnets blancs sur fond jaune. Haut. 0,24.　　　　　　　　　　　　xviiie siècle.

186. — Jardinière de forme campanulée à décor de fleurs et de feuillage manganèse et vert sur fond jaune semé de branches de pin stylisés. Haut. 0,21.
　　　　　　　　　　　　　　　　　　Idem.

187. — Brûle-parfums de forme tronconique, à fond blanc recouvert d'un émail rouge à décor de dragons et de chrysanthèmes d'or ; médaillons en réserve blanche à décor d'oiseaux de Hô. Les parois sont ajourées de quatre motifs en forme de bâtonnets verticaux. Couvercle en porcelaine dorée, repercé en forme de grillage. Haut. 0,095.　　　Idem.

188. — Plat à fond vert semé d'un motif de lichens jaunes et noirs et d'aiguilles de pin. A l'extérieur, nœuds et fleurettes noirs, sur fond jaune. Diam. 0,21.　　　　　　　　　　　　Idem.

189. — Petit brûle-parfums cylindrique en émail

vert à décor géométrique, coupé de quatre médaillons jaunes à glycines manganèse. Couvercle d'argent
ajouré et émaillé, figurant des pivoines. Haut. 0,065.

xviiie siècle.

190. — Coupe en forme de feuille verte à bords
jaunes, semée de taches blanches figurant des gouttelettes d'eau. Long. 0,15.   Idem.

191. — Bouteille en forme de courge, à fond
rouge décoré de médaillons blancs et or. Haut. 0,52.

xixe siècle.

Porcelaines de Nabéchima.

192. — Coupe à fond blanc décorée de roseaux à
feuilles brunes et vert pâle, au bord d'une rivière
figurée par des vagues stylisées en émail bleu. Diam.
0,145.   xviiie siècle.

193. — Coupe figurant trois feuilles en vert, bleu
et jaune, avec des fleurs et des cosses de pois s'enlevant en relief blanc et rouge. Long. 0,155. Idem.

194. — Coupe quadrilobée décorée en relief de
coquelicots blancs et rouges à feuilles vertes, se
détachant sur un fond strié bleu. A l'extérieur,
pivoines bleues stylisées sur fond blanc. Long. 0,17.

Idem.

195. — Coupe basse, décorée de deux oiseaux manganèse et blanc dans des feuillages bleus, verts et rouges. Fond d'imbrications en bleu clair. Décor stylisé de sacs de riz à l'extérieur. Petite ébréchure au bord. Diam. 0,15.   xviiie siècle.

196. — Coupe basse à décor de fleurs de cerisier en réserve blanche sertie d'un trait rose, avec feuilles bleues se détachant sur un fond bleu et vert. A l'extérieur, décor de pivoines bleues sur blanc. Petite réparation au laque d'or. Diam. 0,15.

Idem.

Porcelaines de Hirado.

197. — Assiette à marli plat, décorée de trois grandes feuilles de mauve s'enlevant en relief d'émail blanc sur un fond bleu treillagé. Diam. 0.23.

xviiie siècle.

198. — Brûle-parfums représentant un canard mandarin. Couverte blanche. Haut. 0,0155.   Idem.

199. — Porte-bouquet d'applique de forme tubulaire, à fond blanc décoré d'un craquelé bleu semé de fleurs de prunier en relief. Haut. 0,135.

Idem.

200. — Pot en forme de courge, décoré, en relief

vert sur émail blanc, de feuilles et de vrilles. Haut.
0,08.   xviiie siècle.

201. — Brûle-parfums cylindrique, à couvercle
ajouré figurant des fleurs de cerisier sur un treillis.
Sur la panse, décor en bleu de personnages dans un
paysage. Haut. 0,08.   Idem.

202. — Statuette d'un portefaix, un ballot de riz
sur l'épaule. Couverte blanche. Haut. 0,10.   Idem.

203. — Marcassin blanc, couché au pied d'un
rocher, sous une touffe de graminées et de chrysanthèmes émaillés de bleu et de jaune. Haut. 0,055.
                                         Idem.

204. — Presse-papier figurant une branche de
cerisier en émail brun avec un oiseau blanc, posé
au milieu de fleurettes. Long. 0,20.   Idem.

205. — Petit chien à poil blanc taché de feu,
assis, un collier au cou. Haut. 0,055.   Idem.

206. — Lapin blanc pilant dans un mortier,
debout sur une base formée de nuages bleus. Haut.
0,08.   Idem.

207. — Carpe posée sur le ventre, la queue en
l'air. Haut. 0,075.   Idem.

208. — Singe monté sur un poisson et tenant une

gourde de la main gauche. Couverte blanche. Haut. 0,045.   xviiie siècle.

209. — Deux ballots de riz, sur l'un desquels grimpe une souris. Couverte blanche. Haut. 0,06.
Idem.

210. — Cheval blanc couché, portant un singe noir sur son dos. Haut. 0,045.   Idem.

211. — Kogo figurant une cigogne accroupie et se grattant l'aile avec son bec. Couverte bleutée, rehaussée de bleu et de rouge. Haut. 0,045. Idem.

212. — Petit enfant jouant avec un chien. Couverte blanche. Haut. 0,095.   Idem.

213. — Groupe de trois enfants chinois vêtus de bleu, jouant avec une boule de neige. Haut. 0,05.
Idem.

214. — Petit brûle-parfums en forme de potiche, à couvercle figurant un treillis ajouré. Sur la panse, décor de pissenlits en bleu sur fond blanc. Haut. 0,04.   Idem.

215. — Kogo représentant un petit chien couché. Couverte bleu clair. Haut. 0,02   Idem.

216. — Kogo représentant un petit chien faisant le beau. Couverte bleu clair. Haut. 0,045.   Idem.

217. — Netsuké en forme de lapin accroupi. Couverte blanche. Haut. 0,025.   xviiie siècle.

218. — Hotei, les chairs blanches émergeant d'une draperie bleue. Monté sur fond de palissandre. Haut. 0,06.   Idem.

219. — Netsuké figurant un bambou le long duquel grimpe un tigre émaillé de jaune. Haut. 0,055.   Idem.

220. — Netsuké figurant un fruit en émail bleu et brun, sur lequel est posée une mouche en relief. Long. 0,04.   Idem.

221. — Petit cachet surmonté d'une statuette du dieu de la longévité, en émail blanc et bleu. Haut. 0,035.   Idem.

222. — Figure minuscule d'un bébé japonais se grattant l'oreille, vêtu d'un tablier bleu. Haut. 0,015.
                                        Idem.

223. — Plat rectangulaire à bords relevés et angles lobés, décoré d'une touffe d'hortensias en bleu sur blanc ; frises d'imbrications sur les bords. Diam. 0,29.   Idem.

Grès Temmokou

224. — Bol largement ouvert, recouvert, à l'extérieur, d'un émail brun taché de jaune et, à l'intérieur, de fouettures jaunes et bleues où sont réservés en brun deux oiseaux de Hô et deux fleurettes. Restauration au laque d'or. Haut. 0,05. XIII° siècle.

225. — Grande coupe de forme conique largement évasée, à épaisse couverte bleue offrant les stries dites poil de lièvre; le bord est serti de cuivre. Haut. 0,08. Idem.

Poteries de la Corée

226. — Genre Gohon-Hansou. Bol de forme conique; la terre rouge très fine est recouverte d'un léger émail; coulées grises sur le bord. Légères réparations au laque d'or. Haut. 0,09.

Antérieur au xviᵉ siècle.

227. — Genre Mishima. Bol évasé à nombreuses cabossures. Trois zones droites, séparées par deux zones ondulées, courent autour de la panse, gravées dans la terre sous couverte blanche. Haut. 0,08.

Idem.

228. — Genre Mishima. Bol largement ouvert. A l'intérieur, incrustation de zones pointillées en émail blanc dans une couverte gris vert. Larges réparations au laque d'or à motif de fleurettes. Haut. 0,075.

Idem.

229. — Genre Kohiki. Pot à thé de forme sphérique, l'émail jaune rosé finement craquelé. Quel-

ques réparations au laque d'or. Un tchajin a tracé au revers du couvercle quelques lignes de poésie. Haut. 0,065.   Antérieur au XVIᵉ siècle.

230. — Genre Mishima. Bouteille piriforme allongée, incrustée, en émail blanc dans une couverte grise, de zones à raies circulaires reliées entre elles par des pointillés. Goulot en argent aux armes des Tokoungawa. Haut. 0,27.   Idem.

231. — Genre Ko-Kwaniou. Bol à trois pieds, de forme conique largement évasée, aplatie sur deux faces et taillé d'encoches sur le bord. Émail gris craquelé et fouetté. Haut. 0,085.   Idem.

232. — Genre Hakémé. Bouteille à panse largement renflée. Émail gris fouetté de taches verdâtres; à la base, large restauration de laque gris décoré de flots et de graminées. Haut. 0,15.   Idem.

233. — Bol hémisphérique à couverte gris bleuté. Réparation au laque d'or. Haut. 0,08.
Accompagné d'un certificat de tcha-jin attribuant à cette pièce la date du XVᵉ siècle.

234. — Vase à panse sphérique surmontée d'un large col garni de deux anses. Il est revêtu d'une couverte brune gravée, avec incrustation d'émail blanc, de frises à décor géométrique, méandres, festons et fleurettes. Haut. 0,24.   Idem.

235. — Genre Mishima. Bol de forme hémisphérique sur piédouche, L'extérieur est incrusté en émail blanc, dans une couverte grise et jaune, de lignes circulaires séparées par des bâtonnets en zigzag. Réparation en laque d'or. Haut. 0,11.

xvi⁰ siècle.

236. — Genres Hori-Mishima à l'intérieur et Hakémé à l'extérieur. Bol de forme conique très évasée. L'intérieur est décoré de rosaces et de lignes verticales incrustées en émail blanc dans une couverte grise. Haut. 0,06. Fin du xvi⁰ siècle.

237. — Genre Hakémé. Grande bouteille piriforme. Couverte blanchâtre à crevasses. Réparations au laque d'or et d'argent. Haut. 0,33. xvii⁰ siècle.

238. — Bol évasé à couverte fauve craquelée, décoré en bleu d'une frise de pivoines et de rinceaux. Haut. 0,105. Idem.

239. — Mizousachi de forme cylindro-ovoïde, gravé d'un dessin de fleurettes et de branchages en émail blanc et noir dans une couverte verdâtre. Haut. 0,16. xviii⁰ siècle.

240. — Bol hémisphérique à couverte lisse et mate de ton gris souris. Haut. 0,08. Idem.

241. — Genre Yédo-waki. Bol de forme campa-

, nulée à couverte crémeuse craquelée et grumeleuse dans le bas. Réparation au laque d'or. Haut. 0,08.

xviiie siècle.

242. — Pot à panse renflée recouvert d'un émail crémeux, légèrement craquelé et piqueté de points noirs. Haut. 0,11. Idem.

243. — Coupe basse à piédouche. Couverte saumon craquelée, décorée de fleurettes blanches serties d'un trait bistre. Réparation au laque d'or. Diam. 0,15. Idem.

244. — Genre Yédo. Bol évasé à couverte fauve truitée, finement craquelée et nuagée de gris. Restauration au laque d'or. Haut. 0,064. Idem.

245. — Bol de forme très évasée à couverte grise fouettée, genre Hakémé. Le fond est décoré d'un ·buste de personnage peint au trait. Haut. 0,05.

·Idem.

246. — Petit vase monté sur piédouche godronné en forme de calice de fleur. Incrustations de chrysanthèmes en émail blanc à feuilles sombres sous la couverte vert pâle. Couvercle d'argent ciselé. Haut. 0,075. idem.

Poteries du Japon

---

247. — Pot à thé de forme légèrement conique. Couverte feu mouchetée de bleu et de fauve. Haut. 0,08. xvie siècle.

248. — Bol tubulaire, émail marron à coulures brun rouge. Haut. 0,085. Idem.

249. — Pot à thé sphérique à petit goulot. Émail fauve moucheté de feu. Haut. 0,065. xviie siècle.

250. — Pot à thé de forme tubulaire. Couverte feu à coulures fauve. Haut. 0,07. Idem.

251. — Genre Ki-Séto. Petite bouteille conique à panse très ample dont le col est largement évasé. Émail brun à taches sombres. Haut. 0,07. Idem.

252. — Pot à thé cylindro-ovoïde à petit goulot. Couverte brune fouettée de fauve avec large coulure jaune qui tombe sur toute la hauteur de la panse. Haut. 0,08.

253. — Mizousachi en forme de baquet cerclé de trois cordes en relief. Émail brun à taches fauves. Haut. 0,155.   xvie siècle.

254. — Bouteille à panse sphérique, et à long goulot renflé vers le milieu. Émail jaune craquelé à large coulures fauves et bleuâtres. Légère restauration en laque d'or au goulot. Haut. 0,175.   Idem.

255. — Pot à thé de forme légèrement conique, à base rentrante. Émail brun, à coulures feu. Haut. 0,10.   Idem.

256. — Pot à thé de forme conique à couverte marron tachetée de fauve. Haut. 0,06.   Idem.

257. — Pot à thé surbaissé. Émail jaune fortement craquelé à coulures bleues et blanches. Haut. 0,04.   Idem.

258. — Pot à thé cylindro-ovoïde à petit goulot. Couverte brune à moucheture feu. Haut. 0,075.
                                               xviie siècle.

259. — Pot à thé cylindro-ovoïde à petit goulot. Couverte fauve très lisse à taches sombres. Haut. 0,08.   Idem.

260. — Bol campanulé avec ressaut vertical au pourtour. Couverte vitreuse de ton jaunâtre fine-

ment craquelée avec tache bleue et blanche dans le fond se dégradant en rose. Haut. 0,09. xviie siècle.

261. — Genre Temmokou. Bol de forme conique très évasée à couverte bleue se dégradant en vert et en brun, les bords sertis d'argent. Haut. 0,07.

262. — Pot à thé décoré de coulées fauves mélangées de roux. Haut. 0,14. xviiie siècle.

263. — Genre Séto Temmokou. Bol campanulé à couverte brune très épaisse et brillante, les bords sertis d'argent. Haut. 0,085. Idem.

264. — Genre Ki-Séto. Petit pot de forme tubulaire, légèrement conique, avec une rainure marquant le col. Émail jaune finement craquelé. Légère réparation en laque d'or, Haut. 0,09. Idem.

265. — Genre Satsuma. Bol conique à couverte marron fouettée de jaune et de bleu. Haut. 0,09. Idem.

266. — Genre Takatori. Petit pot à thé en forme de bouteille, annelée, à couverte blanche fouettée de jaune débordant sur l'émail brun. Haut. 0,06. Idem.

267. — Pot à thé de forme sphérique, à couverte fauve fouettée de tons sombres, accoté de deux enfants se haussant comme pour voir le fond

du pot. Couvercle laqué rouge et mosaïqué de burgau. Haut. 0,05. xviiie siècle.

268. — Bol largement évasé à couverte fauve ;
marbrures plus sombres dans l'intérieur et coulures
d'émail gris opaque. Haut. 0,04. Idem.

269. — Pot à thé de forme légèrement conique.
Émail jaune sur couverte feu, tombant sur la panse
en larges gouttelettes sombres. Haut. 0,08. Idem.

270. — Pot à thé de forme cabossée, portant deux
anses au sommet. Couverte brun rougeâtre à taches
fauves. Haut. 0,09. Idem.

271. ——— en forme de gourde. Émail sombre,
moucheté de fauve. Haut. 0,055. Idem.

272. ——— en forme de gobelet. Couverte fauve
à coulures noires et à mouchetures métalliques.
Haut. 0,075. Idem.

273. ——— de forme tronconique ; émail sombre
moucheté de fauve, tombant à mi-hauteur. Haut.
0,065. Idem.

274. — Mizousachi de forme tubulaire à brusque
renflement dans la partie supérieure. Le bas est
décoré de rainures verticales. Couverte brune mouchetée, surémaillée de jaune craquelé et fouetté de
bleu. Couvercle de même matière. Haut. 0,17.

Idem.

275. — Grande coupe en forme de coquille montée sur trois pieds. Couverte brune à coulure crème dégradée en bleu. Diam. 0,24.   xviiie siècle.

276. — Vase à large panse sphérique, émaillé de brun avec trois grandes taches jaunâtres. Haut. 0,22.
Idem.

277. — Petit vase en forme de balustre trapu, à couverte brune très brillante, marbrée de bleu sur l'épaulement et s'éclaircissant en tons jaunâtres sur la panse. Haut. 0,13.   Idem.

278. — Genre Karatsou. Vase à fleurs de forme tubulaire, largement fouetté d'émail blanc coupé d'une longue coulée bistre. Haut. 0,28.   Idem.

279. — Bol à bords évasés et contourné d'une gorge dans la partie médiane. Couverte brun foncé marbrée de roux. Haut. 0,09.   Idem.

280. —— de forme surbaissée coupé d'une gorge circulaire. Couverte crème légèrement bistrée avec larges taches écaille. Haut. 0,07.   Idem.

281. —— campanulé à couverte brune tachée de rouille, partiellement coupée d'une large coulée gris bleu. Haut. 0,10.   Idem.

Genre Oribé.

282. — Petite bouteille à panse godronnée recouverte d'émail gris craquelé à larges raies brunes. Le
goulot est revêtu d'un émail vert clair qui laisse
tomber une goutte épaisse. Haut. 0,075.

xvii⁰ siècle.

283. — Brûle-parfums figurant une oie. Couverte
rouille à taches vertes. Haut. 0,11.   xviii⁰ siècle.

284. — Vase en forme d'aubergine. Couverte crémeuse craquelée, décorée de motifs largement tracés
en brun, sur laquelle descendent de puissantes coulées vertes. Haut. 0,23.   Idem.

285. — Plateau en forme de coquillage monté sur
trois pieds. Couverte gris craquelé à décor de fleurettes en brun ; coulures vertes et bleues. Diam.
0,22.   Idem.

286. — Bol de forme surbaissée à coulées épaisses
d'émail vert sur fond crème craquelé. Haut. 0,06.
                                                Idem.

287. — Grand plat de forme cabossée, décoré au
fer, sur fond crème craquelé, de deux pêcheurs
halant une barque. Large coulée verte dans la partie
supérieure. Diam. 0,41.   xviiie siècle.

Poteries de Shino.

288. — Bol de forme cylindrique irrégulière à couverte blanc crémeux puissamment craquelée et décorée, en couleur rouille, de filets et de crypto-mérias. Haut. 0,07.   xvi⁰ siècle.

289. — Kogo en forme de croissant, à couverte grise, décoré en rouille d'un vol d'oiseaux. Haut. 0,03.   xviii⁰ siècle.

290. — Bol à panse sphérique surmontée d'un bord rectangulaire. Décor, en tons rouille sur fond gris, d'un vol d'oiseaux, de filets et d'une tige de roseau. Haut. 0,08.   Idem.

Poterie d'Ofouké.

291. — Coupe trilobée sur piédouche. Couverte fauve à coulées blanchâtres et bleues. Diam. 0,15.

Poteries diverses d'Owari.

292. — Statuette en émail crémeux représentant un Manzaï, tenant un éventail vert devant sa figure. Réparations à l'éventail. Haut. 0,21.   xviii⁰ siècle.

293. — Kogo en forme d'escargot. Émail chamois avec tache verte. Haut. 0,04.   xviiie siècle.

294. — Pot de forme tronconique à petit goulot. Couverte gris clair craquelée à coulures vertes. Haut. 0,105.   Idem.

295. — Godet à encre de Chine, de forme rectangulaire, surmonté de deux petites chimères, la patte posée sur une boule. Couvercle en bois naturel sculpté de constellations au-dessus des flots. Haut. 0,09.   Idem.

296. — Coupe plate à couverte jaune craquelée et tachée de vert. Diam. 0,16.   Idem.

297. — Cheval accroupi, émaillé de vert. Long. 0,26.   Idem.

298. — Pigeon posé sur une tuile, dont l'émail brun mat contraste avec la couverte brillamment colorée de l'oiseau. Haut. 0,22.

299. — Bol campanulé à bord serti d'argent. Couverte blanche fouettée de rouge et de vert ; trois grands chrysanthèmes blancs à l'extérieur. Haut. 0,055.   Idem.

300. — Kogo de forme quadrangulaire. Émail verdâtre moucheté de brun. Sur le couvercle est figuré un danseur Nô en grand costume, son éventail à la main. Haut. 0,06.   xixe siècle.

301. — Kogo en forme de pomme de pin sur laquelle sont montés les deux vieillards de Takasago. Émail verdâtre taché de feu. Haut. 0,055. XIXᵉ siècle.

302. — Kogo figurant une tortue marine sur un rocher. Émail crémeux. Haut. 0,05.   Idem.

303. — Chandelier à couverte gris clair formé de trois singes superposés et surmonté d'une bobèche en bronze. Haut. 0,16.   Idem.

Poteries de Karatsu.

304. — Grand bol de forme sphérique, recouvert à mi-hauteur d'émail gris bleu. Haut. 0,11.

Vers 1600.

305. —— forme balustre à couverte fauve truitée. Haut. 0,12.   Vers 1600.

306. — Mizousachi affectant la forme d'un tronc de bambou. Émail bleu moucheté à larges coulures blanc crémeux dans le haut. Dans le bas, de petits trous figurent la trace des pousses nouvelles. Haut. 0,125.   XVIIᵉ siècle.

307. — Plateau carré à tablette débordante et bord vertical. L'intérieur est émaillé de bleu sombre à fouettures grisâtres. Côté 0,185.   Idem.

308. — Bouteille de forme fuselée avec deux petites anses dans le haut. Une couverte jaunâtre tombe jusqu'à mi-hauteur, décorée de raies brunes tracées au pinceau. Haut. 0,23.   xvii° siècle.

309. — Bol de forme ronde à la base et carrée dans sa partie supérieure. Couverte de ton gris bleuté craquelée, sous laquelle apparaissent des ornements floraux plus foncés. Haut. 0,095.

xviiiᵉ siècle.

310. — Bol cylindrique, légèrement évasé vers le haut et monté sur piédouche. Émail blanc crémeux très épais, craquelé et pointillé. Haut. 0,085. Idem.

311. —— à couverte fauve fouettée de coulures d'émail gris grumeleux. Haut. 0,09.   xviiiᵉ siècle.

312. — Petit pot à large panse et très court goulot garni de deux petites anses, creusé de rainures rayonnantes. Émail gris vert craquelé. Haut. 0,085.   Idem.

313. — Vase à fleurs conique s'épanouissant dans le haut en une forme quadrilobée aplatie. Couverte bronzée à larges coulures gris vert. Haut. 0,23.

314. — Vase à fleurs de forme cylindrique, muni de deux anses, à bords cabossés et largement rabattus dans le haut. Terre brune tachée de vigoureuses

coulées bleues et brun foncé à parties bistres. Haut.
0,21.   xviiiᵉ siècle,

315. — Bol évasé à couverte gris souris, striée de
blanc vers la base et tachée de rouille près du bord.
Réparation au laque d'or. Haut. 0,07.   Idem.

316. — Bol cylindrique à couverte gris craquelé.
Décor de vagues stylisées et de méandres gravés
dans l'émail crémeux. Haut. 0,08.   Idem.

Poteries de Takatori.

317. — Genre Karamono. Pot à thé de forme
conique à base rentrante et muni d'un haut goulot.
Couverte marron fouetté de fauve. Haut. 0,06.
                           xviiiᵉ siècle.

318. — Pot à thé de forme sphérique et godronnée.
Couverte brune mouchetée de fauve. Haut. 0,055.
                           Idem.

319. — Petite coupe campanulée de terre très fine,
à couverte brune ; une seconde couche d'émail clair
craquelé remplit tout l'intérieur et déborde sur la
panse en fines gouttelettes bleutées. Haut. 0,04.
                           Idem.

320. — Grand vase en forme de balustre trapu à

couverte gris jaune avec large coulée à marbrures jaunes, blanches et vertes. Réparation au col. Haut. 0,42.   xviiie siècle.

321. — Poule accroupie se grattant l'aile. Couverte grise tachée de brun. Haut. 0,24.   Idem.

322. — Groupe représentant un cerf la tête renversée en arrière, portant sur le dos un singe qui le maintient par les cornes. Long. 0,34; haut. 0,29.
                                                Idem.

Poterie de Tampa.

323. — Bol sur piédouche à couverte brunâtre tigrée de bleu et de jaune. Terre très fine visible à mi-hauteur intérieurement. Haut. 0,065.   Idem.

Poteries de Shigaraki.

324. — Mizousachi de forme tubulaire cabossée, à deux cases. Coulures d'émail verdâtre et coup de feu sur le biscuit rose. Couvercle à anse de même matière. Haut. 0,18.   xviie siècle.

325. — Mizousachi à corps cylindrique avec étranglement médian où sont logées deux anses. Coulées d'émail vitreux de ton verdâtre sur biscuit rose clair.

Couvercle de même matière muni d'une anse. Haut.
0,18. xvii° siècle.

326. — Vase à fleurs de forme tubulaire annelée.
Couverte brune piquetée de blanc à coulées jaunâtres. Légère réparation au laque d'or. Haut. 0,27.
xviii° siècle.

327. — Mizousachi de forme sphérique, cannelé
dans le haut. Il est recouvert d'un émail gris fouetté
de vert et de bleu retombant dans le bas en larges
gouttes. Haut. 0,16. Idem.

328. — Mizousachi de forme cylindrique à large
coulure verte, se détachant sur un fond crème.
Haut. 0,26. Idem.

Poteries d'Iga.

329. — Bouteille à corps cylindrique de forme
annelée. Couverte craquelée de ton chamois, à
coulée blanchâtre, avec décor, au fer, d'une plante
stylisée. Haut. 0,20. xvii° siècle.

330. — Kogo en forme de coquillage. Émail fauve
sur la terre brune. Haut. 0,06. xviii° siècle.

Poteries de Haghi.

331. — Bol campanulé, à couverte grise craquelée

et pointillée. Réparations au laque d'or. Haut. 0,085.

xvie siècle.

332. — Bol de forme campanulée légèrement aplatie, avec léger renflement au milieu de la panse. Couverte crémeuse bleuâtre craquelée, à l'extérieur, et fauve à l'intérieur. Haut. 0,075.   xviie siècle.

333. — Bol largement évasé à couverte gris crémeux craquelée et piquée. Haut. 0,05.   xviiie siècle.

334. — Bouteille piriforme à couverte blanche craquelée. Goulot coupé à monture d'argent. Haut. 0,155.   Idem.

335. — Bol cylindrique à couverte gris clair craquelée. Légères réparations au laque d'or. Haut. 0,09.   Idem.

Poterie d'Ohi.

336. — Brûle-parfums représentant une oie la tête levée. Couverte brune et blanche. Haut. 0,25.

xviiie siècle.

Poteries de Bizen.

337. — Bouteille à large panse et à fin goulot très long; la terre brune grumeleuse est incisée sur

la panse d'une frise de grecques en forme de losange. Haut. 0,195.   xvie siècle.

338. — Pot à thé de forme fuselée à haut goulot. Coup de feu formant décor sur la terre brune. Haut. 0,12.   xviie siècle.

339. — Pot à thé de forme sphérique avec quatre petites anses près du goulot. Le grès brun à légère glaçure est couvert, par endroits, d'un émail jaunâtre. Haut. 0,06.   Idem.

340. — Pot à panse ovoïde muni dans le haut de quatre petites anses. Couverte brun mat nuancée de bistre. Couvercle en bois naturel. Haut. 0,18.

xviiie siècle.

341. — Vase à fleurs en forme de bambou sur lequel deux petites pousses se modèlent en fort relief. Couverte brune vernissée et tachetée par endroits d'un émail plus clair. Haut. 0,20.   Idem.

342. — Groupe de bateleurs, l'un marchant à quatre pattes, l'autre monté sur son dos. Terre brune, à léger émail brillant. Haut. 0,13.

Idem.

343. — Kogo figurant un chrysanthème avec deux feuilles. Taches d'émail jaune sur la terre brune. Haut. 0,02.   Idem.

344. — Petite chimère émaillée de vert à taches d'argent. Haut. 0,075. xviiie siècle.

345. — Statuette d'un personnage à longue barbiche, assis et coiffé d'un bonnet. Haut. 0,125.

Idem.

346. — Statuette figurant un personnage assis, un petit panier devant lui et tenant une bourse à la main. Il est vêtu d'un manteau vert avec écharpe jaune, les nus étant réservés. Haut. 0,085. Idem.

347. — Kogo en forme d'un vieillard accroupi, la barbe blanche obtenue par des coulées claires sur l'émail brun. Haut. 0,05. Idem.

Poterie de Satsuma.

348. — Grand vase de forme cylindrique à couverte chamois. Décor de médaillons carrés dessinés en brun, à motif de treillis, de branchages et de rinceaux. Haut. 0,32. Antérieur au xvie siècle.

349. — Genre Joça. Petit pot de forme sphérique émaillé de noir verdâtre moucheté de blanc. Une large coulure fauve descend sur toute la hauteur de la panse. Restauration au laque d'or. Haut. 0,95.

xvie siècle.

350. — Genre Joça. Pot à thé à trois faces. De

profondes coulées noires verdâtres, fouettées de
blanc, couvrent en partie la terre brune. Haut. 0,11.
xviie siècle.

351. — Pot à thé de forme ovoïde revêtu d'une
couverte verdâtre. Coulures fauves et larges taches
d'émail gris crémeux. Haut. 0,08.   Idem.

352. — Mizousachi de forme cylindrique à couverte vert foncé, décoré d'une large tache d'émail
fauve. Haut. 0,17.   xviie siècle.

353. — Bol de forme cylindrique. Couverte vert
noirâtre à l'intérieur. A l'extérieur, décor de larges
coups de pinceaux en zigzag pris dans l'émail gris.
Haut. 0,075.   Idem.

354. — Genre Joça. Pot à thé de forme cylindrique aplatie. Couverte jaune surémaillée de noir
verdâtre tombant en larges coulures piquées de
blanc et de fauve. Haut. 0,105.   Idem.

355. — Pot à thé de forme cylindrique. Émail
brun fouetté de fauve. Haut. 0,08.   Idem.

356. — Pot à thé de forme ovoïde allongée, avec
deux petites anses dans le haut. Couverte vert olive
à coulures feu. Haut. 0,105.   xviiie siècle.

357. — Statuette représentant un homme assis
devant un mortier émaillé de vert, son pilon à la

main. Il est vêtu d'un manteau gris. crémeux à
décor bleu, dégageant l'épaule et le bras droit, les
nus étant réservés. Haut. 0,165.　　　xviii⁰ siècle.

358. — Brûle-parfums de forme surbaissée à deux
ouvertures. Couverte sombre gravée sur le dessus
de branchettes en réserve. Haut. 0,09.　　　Idem.

359. — Pot à thé de forme balustre. Grès noir à
légère glaçure, couvert par endroit d'un émail jaunâtre. Haut. 0,085.　　　　　　　　Idem.

Poteries de Yatsouchiro.

360. — Vase de forme quadrangulaire. Un décor
de branchages est réservé en blanc, sur le fond gris
craquelé. Haut. 0,10.　　　　　xvii⁰ siècle.

361. — Bol campanulé à couverte gris vert très
fine, où des feuilles sont réservées en blanc dans
l'émail. Haut. 0,06.　　　　　Idem.

Poteries de Minato.

362. — Petite bouteille à goulot étroit surmontant
une panse cylindrique, et accoté d'une petite anse.
Couverte brun mat dans le bas, se dégradant vers le
haut en tons brillants tachetés de bistre. Haut. 0,16.
　　　　　　　　　　xviii⁰ siècle.

363. — Kogo représentant un cheval accroupi, la tête retournée. Émail fauve. Haut. 0,035.

xviiie siècle.

Poterie de Kinkaï.

364. — Bol de forme conique sur piédouche. Couverte blanc verdâtre mouchetée de rose. Réparation au laque d'or. Haut. 0,085. xviiie siècle.

Poteries par Ninsei et son école.

365. — Brûle-parfums figurant un canard, la tête tournée en arrière. Couverte gris crémeux, les plumes indiquées par des traits de pinceau verts, or et bruns. Haut. 0,125. xviie siècle.

366. — Statuette représentant le renard déguisé en pèlerin et s'appuyant des deux mains sur un bâton. Émail chamois et crème. Haut. 0,31.

367. — Pot à thé de forme fuselée. Terre très fine recouverte d'un émail fauve moucheté. Haut. 0,10.
Idem.

368. — Bol de forme conique sur piédouche à couverte crème, où sont figurés dans un paysage de rochers et de pins, les Rakans, dessinés d'un

trait précis, et dont la nudité transparaît sous les vêtements rouges, verts et mauves. Quelques touches d'or dans les accessoires. Haut. 0,095. xviie siècle.

369. — Bol de forme campanulée à base rentrante. Sur la terre très fine et couverte d'un émail de ton crème, semis d'œillets en émaux roses, verts et or. Réparations. Haut. 0,07.   xviiie siècle.

370. — Bol de forme conique à panse légèrement annelée. Il offre, sur une couverte qui laisse apercevoir par place la terre très fine, un décor formé de cinq voiles de navire en émail crémeux cerclé de noir. Réparation au laque d'or. Haut. 0,095.

Idem.

371. — Bol de forme cylindrique à couverte rosée, décoré de légères fleurettes rouges à tiges feuillues vert clair. Haut. 0,085.   Idem.

372. — Bol de forme conique à couverte crème. Les Rakans sont figurés sur la panse en émaux polychromes, tenant à la main divers attributs, dans un paysage montagneux planté d'arbres et de buissons. Réparation au laque d'or. Haut. 0,10.   Idem.

373. — Bol de forme conique à haut piédouche et couverte crème finement craquelée. Il est décoré d'un grand poisson rouge et or nageant au milieu des herbes vertes. Réparations au laque d'or. Haut. 0,09.

Idem.

374. — Bol de forme campanulée légèrement aplatie d'un côté. La couverte crème, finement craquelée,
est interrompue par deux grandes plaques l'une
d'argent, l'autre d'or figurant des fragments de
cuir gaufré. Sur la couverte est largement tracé en
brun un groupe de deux manzaï. Haut. 0,09.

xviii° siècle.

Poteries par Kenzan et son école.

375. — Bol en Rakou, de forme campanulée, à
couverte noir rougeâtre, décoré d'une branchette de
cerisier fleuri en réserve d'émail jaune se détachant sur le fond sombre de la pièce. Haut. 0,095.

376. — Bol en Rakou, à bord droit, recouvert d'un
émail noir sur lequel s'enlève en filaments blancs
un groupe de deux crabes. Haut. 0,08.

377. — Kogo en Rakou à pans coupés, émaillé
mi-partie rose et brun en diagonale. Décor de roseaux
bleus et bruns se détachant sur le fond rose.
Haut. 0,025.

378. — Masque de Nô, en grès brun, figurant un
visage de femme âgée, dont les cheveux, disposés
en bandeaux, sont rehaussés de traits noirs ainsi
que les sourcils.

379. — Bol à bords droits. Couverte rosée, surémaillée de blanc et décorée au trait de chrysanthèmes bleus à tige et feuillage feu. Poésie inscrite sur la panse. Légère réparation au laque rouge Haut. 0,065.

380. — Mizusachi de forme balustre. Couverte crème finement craquelée, à grand décor de feuillage brun. Haut. 0,185.

381. — Vase à fleurs rectangulaire figurant deux paravents à demi repliés. Décor de bambous et d'inscriptions en manganèse sur blanc, avec bordure verte et violette. Haut. 0,16.

382. — Porte-bouquet représentant deux poupées en émaux violets, bleus et rouges sur fond blanc. Haut. 0,19.

383. — Plateau carré à bords relevés. Décor géométrique vert, jaune et mauve. Long. 0,125.

384. — Support de coupe à saké dont le plateau est décoré de motifs géométriques verts, jaunes et mauves sertis de blanc. Diam. 0,155.

385. — Plateau rectangulaire à bords relevés, décoré d'un paysage montagneux boisé de pins et de cerisiers en fleurs et baigné par un torrent. Long. 0,245.

386. — Plateau rectangulaire à bords relevés, décoré d'une grue volant dans un paysage montagneux, sous le disque rouge du soleil. Au premier plan, touffe de chrysanthèmes. Long. 0,195.

Poteries par Kinkozan.

387. — Petit mizousachi de forme cylindrique légèrement concave, strié de raies horizontales. Couverte brune surdécorée, en blanc crémeux, d'un motif où sont figurés, au milieu des flots peints en bleu, des roseaux et des feuilles d'aoï en émaux rouille. Haut. 0,12.   xviiie siècle.

388. — Bol campanulé sur piédouche. A l'intérieur, coulée d'émail crémeux fortement craquelé et décoré dans le fond de rinceaux bleus. A l'extérieur, se détachant sur la terre brune, large décor de feuillage jaune et vert avec une zone de personnages divers et d'animaux fantastiques, licornes, chimères et oiseaux de Hô. Haut. 0,07.   Idem.

389. — Porte-bouquet cylindrique à couverte blanche émaillée de coulées vertes. Haut. 0,28.

Idem.

Poterie de Horakou.

390. — Boîte circulaire à couvercle plat, décorée, en relief sur fond pailleté d'or, de chrysanthèmes or et blanc au feuillage vert. A l'intérieur, couverte saumon craquelée. Diam. 0,08. xixe siècle.

Poteries de Kiyomizou.

391. — Double vase à fleurs représentant deux troncs de bambous accolés, avec leurs feuilles en relief d'émail vert sur fond blanc. Haut. 0,26.

xviiie siècle.

392. — Bol de forme quadrilatérale à profil campanulé. Couverte marron marbrée de blanc avec large tache blanche dans le fond. Haut. 0,07. Idem.

Poterie par Rokoubei.

393. — Kogo figurant un kaki en terre rose laquée de rouge, avec ses feuilles en relief de laque d'or et d'argent. Haut. 0,045. xviie siècle.

Poterie de Makoudzou.

394. — Porte-bouquet d'applique figurant une

pousse de bambou. Couverte jaune et brun rouge.
Quelques réparations. Haut. 0,18.

Poterie de Banko.

395. — Coupe largement évasée en biscuit. Décor
Mokoumé en filaments rouges. Diam. 0,155.

xixe siècle.

Poteries par Dôhatchi.

396. — Grand bol de forme campanulée à couverte grise. Décor de branches de pin et de feuilles
de vigne rouges, jaunes et vertes sous la neige, le
tronc du pin figuré en relief à l'intérieur. Diam. 0,19.

xixe siècle.

397. — Brûle-parfums représentant un petit chien
tacheté de blanc et de noir. Haut. 0,24.   Idem.

Poteries Rakou.

398. — Bol hémisphérique rappelant la forme
d'une calebasse coupée. Couverte saumon légèrement rugueuse. Haut. 0,08.   xviiie siècle.

399. — Bol hémisphérique. Coulées rousses à gouttelettes laiteuses sur fond bitume. Haut. 0,07.

Idem.

400. — Bol de forme cylindrique à couverte noire granulée. Haut. 0,075. xviiie siècle.

401. — Bol de forme cylindrique à panse aplatie. Couverte noire à taches rouges partiellement sur-émaillée de jaune verdâtre. Haut. 0,095. Idem.

402. — Bol à bords droits creusé de dépressions et de facettes. Couverte saumon givré à taches rouilles et vertes. Haut. 0,09. Idem.

403. — Bol à paroi très épaisse et bord droit taillé à facettes. Émail saumon nuagé de gris et de blanc. Haut. 0,07. Idem.

404. — Bol à bords droits, rétréci vers la base. Couverte rouille à taches brunes. Haut. 0,08.

405. — Bol de forme surbaissée et légèrement taillée à facettes vers la base. Couverte crème à cou-lées vertes et roses. Haut. 0,06. Idem.

406. — Bol à bords droits. Couverte marbrée, rose et blanc. Haut. 0,08. Idem.

407. — Bol de forme tronconique. Couverte vert bistré avec coulées brunes et taches rouges. Haut. 0,09. Idem.

408. — Bol hémisphérique. Couverte gris neigeux nuancée de rose. Haut. 0,08. Idem.

409. — Bol cylindrique à couverte saumon nuagée de gris. Haut. 0,09. xviiiᵉ siècle.

410. — Bol à bords droits. Couverte saumon piquetée de noir et tachée d'émail vert et blanc. Haut. 0,08. Idem.

411. — Bol forme obus. Couverte de couleur chamois s'éclaircissant vers le bas. Haut. 0,10.
Idem.

412. — Bol à bord droit se rétrécissant à la partie inférieure. Couverte rouille avec larges taches bitume à surface granulée. Haut. 0,08. Idem.

413. — Bol à bords rentrants, à couverte saumon gravée d'une cigogne au vol avec rehaut d'émail noir. Haut. 0,09. Idem.

414. — Bol cylindrique à paroi très épaisse. Émail rouge nuagé de taches grises. Haut. 0,09. Idem.

415. — Bol à émail rouge et vert truité de taches plus claires. Réparation au laque d'or. Haut. 0,09.
Idem.

416. — Bol bas, cabossé, de forme campanulée. Sur la couverte rouge vif, fouettée de jaune se détache en un large trait blanc la silhouette du Fouji. Haut. 0,08. Idem.

417. — Pot à thé de forme surbaissée. Émail

rouge à coulures brunes. Le couvercle en bois
figure une fleur de chrysanthème avec sa feuille.
Haut. 0,05.   XVIIIᵉ siècle.

418. — Boîte en forme de cube, montée sur
quatre pieds et munie d'un couvercle plat. Dans
la couverte d'un noir rougeâtre sont inscrutées, en
émail blanc et rouge, des feuilles de chrysanthèmes.
Haut. 0,055.   Idem.

419. — Brûle-parfums sphérique sur piédouche.
Couverte saumon nuagé de gris ; couvercle repercé
de fleurettes et maintenu par cinq petits montants.
Haut. 0,08.   Idem.

420. — Petit vase en forme de gobelet, à épaisse
couverte noire rompue de larges plaques rouges
et de taches blanches. Réparation au laque d'or.
Haut. 0,12.   Idem.

421. — Bol de forme cylindrique de ton rouge
saumoné et décoré d'une branche de prunier.
Haut. 0,075.   Idem.

422. — Bol de forme basse à bords droits légèrement déprimés. Couverte brun cendré décorée de
deux larges zones obliques à motifs de damiers et de
stries sur fond saumon. Haut. 0,05   Idem.

423. — Bol surélevé, recouvert d'une épaisse
couche d'émail blanc mousseux. Haut. 0,10. Idem.

424. — Bol laqué sur fond or d'un décor de chrysanthèmes blancs à feuillage vert. Haut. 0,09.

XVIII° siècle.

425. — Mizousachi de forme tubulaire irrégulièrement aplatie. Couverte crème à larges taches
rouges sombres et fouettée de vert. Légère réparation au laque d'or. Haut. 0,135.   Idem.

426. — Petit pot de forme très surbaissée. Émail
vert à taches rouilles. Couvercle en bois naturel
sculpté d'une touffe de chrysanthèmes, et gravé d'attributs au revers. Haut. 0,04.   Idem.

427. — Kogo en forme d'aubergine émaillé de
noir avec couvercle laqué d'or figurant la feuille.
Haut. 0,10.   XIXᵉ siècle.

428. — Kogo de forme cylindrique à couverte rose
et verte. Une tête de cerf se détache en relief sur le
couvercle. Haut. 0,045.   Idem.

429. — Kogo en forme de feuille d'érable, munie
de sa tige. Émail rouge et vert. Haut. 0,025.   Idem.

430. — Kogo de forme sphérique légèrement aplatie figurant un kaki. Émail rouge craquelé à coulée
grise ; le couvercle est formé d'une feuille verte
munie de sa tige. Haut. 0,04.   Idem.

431. — Kogo en forme de kaki, à couverte rouge

6

nuagée de gris, le couvercle émaillé de vert simulant
la feuille. Haut. 0,07.   XIXᵉ siècle.

Poterie de Fougakousa.

432. — Statuette en terre cuite figurant un enfant
riant assis et tenant dans les deux mains les mor-
ceaux d'un pain qu'il vient de rompre. Haut. 0,075.
      XIXᵉ siècle.

Poterie par Hozan.

433. — Cantine simulant un vase de forme ovoïde
à court goulot surmonté d'un couvercle plat, et se
divisant en trois parties superposées. Décor de chrysanthèmes et de méandres en brun et bleu sur fond
crème. Haut. 0,27.   XVIIIᵉ siècle.

Poteries par Koyémon.

434. — Statuette d'Okamé en terre laquée rouge
et vert, les chairs de ton crémeux. Haut. 0,10.
      XVIIIᵉ siècle.

435. — Héron blanc, perché sur un rocher, en
terre légèrement cuite et laquée. Haut. 0,24. Idem.

Poterie par Katsumassa.

436. — Statuette représentant Hotei à figure joviale, couché sur le côté. Couverte gris clair. Long. 0,30.   XVIIIᵉ siècle.

Poterie d'Awata.

437. — Porte-bouquet d'applique figurant un cep de vigne avec un écureuil. Couverte crème. Haut. 0,24.   XVIIIᵉ siècle.

438. — Porte-bouquet d'applique figurant une tuile sculptée d'un masque de démon. Émaux bleus à rehauts d'or. Haut. 0,21.

Poteries par Iwakourazan.

439. — Tchaïré en forme de sphère aplatie, décoré en émaux verts et or d'un semis de chrysanthèmes. Couvercle en argent. Haut. 0,035.   XVIIIᵉ siècle.

440. — Bol bas de forme campanulée à couverte grise, laissant percer par endroits la terre rouge. Larges coulures d'émail blanc craquelé, où sont figurés des pins aux troncs noueux. Haut. 0,06. Idem.

Poterie par Nagami Iwao.

441. — Marcassin couché, à couverte fauve tachetée de brun foncé. Long. 0,53.   xviiie siècle.

Poterie par Moukobei.

442. — Statuette d'un personnage tenant son
sabot à la main, émaillée de vert craquelé, les chairs
en réserve du grès brun. Haut. 0,22.   Idem.

Poteries diverses de Kioto.

443. — Bouteille piriforme, offrant, sur couverte
d'émail crémeux craquelé, un décor floral en émaux
verts et bleus disposé en quatre cartouches enca-
drés de filets bleus et or sur fond vert. Col à garniture d'argent. Haut. 0,22.   xviiie siècle.

444. — Bouteille rétrécie vers la base, à petit
goulot, décorée, sur fond crémeux, d'alvéoles vertes
et d'imbrications bleues, avec semis de fleurettes
or et bleues. Goulot réparé en laque. Haut. 0,16.
                                        Idem.

445. — Porte-bouquet d'applique figurant un attri-
but de danse. Haut. 0,23.   Idem.

446. — Figurine d'un enfant vêtu de vert et de bleu monté sur un tambour à couverte crémeuse, décoré du tomoyé sur les deux plats. Haut. 0,09.

xvIIIᵉ siècle.

447. — Bol de forme irrégulière et basse à couverte brune, décoré en épaisses coulées laiteuses et rouges d'un cerisier fleuri sous la neige. Haut. 0,06.

Idem.

448. — Bol de forme campanulée à couverte crémeuse finement craquelée. Sur le disque rouge du soleil se couchant dans des flots d'argent et d'or se détache, en blanc, une cigogne au vol. Haut. 0,08.

Idem.

449. — Bol campanulé. A l'intérieur, couverte d'un blanc crémeux finement craquelée; l'extérieur, à couverte safran, décoré en blanc de fleurs de cerisiers. Haut. 0,055.   Idem.

450. — Bol de forme hémisphérique. Couverte truitée décorée de branches de pins et de feuillages vert, or et bleu, où courent deux échassiers. A l'intérieur deux fleurs de cerisier vert et bleu. Haut. 0,06.   Idem.

451. — Bol campanulé dont la paroi est coupée par une gorge horizontale. Émail rosâtre grumeleux décoré d'une branche de prunier verte avec des

fleurettes rouge et or et des branches de pin.
Haut. 0,08. xviiiᵉ siècle.

452. — Bol en forme de cône arrondi à émail
vert jaunâtre. Sur la panse sont dessinés en larges
traits fauves et noirs opaques, deux hérons, l'un au
repos, l'autre venant de prendre son vol. Haut. 0,08.
Idem.

453. — Bol cylindrique à couverte crémeuse sur
la panse duquel est peint en couleurs très légères
un cortège de danseuses. Réparation en laque d'or
figurant des feuilles de bambou et des branches de
glycine. Haut. 0,08. Idem.

454. — Boîte circulaire et plate à couverte rouge
mat ornée, en or et argent, d'une divinité chevauchant un dragon à travers les flots. Au revers du
couvercle, une poésie est tracée en caractères d'or.
Diam. 0,10. Idem.

455. — Boîte figurant un personnage à demi-cou-
ché. Il est vêtu d'une ample robe à décor de glycines
stylisées en bleu sur couverte crémeuse. Haut. 0,145.
Idem.

456. — Plaque figurant deux feuilles de papier
superposées, à coins repliés; l'une est décorée d'un
paysage en bleu sur crème; l'autre de marbrures
rouges et or. Long. 0,185. Idem.

457. — Petite coupe en grès craquelé à l'intérieur et décorée extérieurement d'une branche de cerisier à fleurettes blanches en relief. Haut. 0,055.

xviiie siècle.

458. — Statuette en Rakou figurant un prêtre assis, les mains sur les genoux, vêtu d'une robe jaune et d'un manteau noir, les chairs en réserve. Haut. 0,19.   Idem.

459. — Kogo en forme de moineau au plumage nuancé de roux sur fond craquelé gris et violacé. Haut. 0,05.   Idem.

460. — Kogo figurant un crapaud, modelé en grès jaune nuancé de rouge. Haut. 0,035.   xixe siècle.

461. — Pot à thé en forme de kaki à couverte rouge et or garni d'une feuille verte formant couvercle. Haut. 0,06.   Idem.

462. — Tête de mort à couverte gris crémeux. Haut. 0,08.   Idem.

463. — Kogo représentant un jouet sommairement taillé en forme d'oiseau. Haut. 0,04.   Idem.

464. — Petite coupe très évasée, décorée intérieurement de cigognes et de nuages en bleu foncé sur fond blanc. Couverte bleu uni à l'extérieur. Haut. 0,035.   Idem.

Poteries indéterminées.

465. — Jardinière ronde de forme trapue, contournée d'une large zone à décor de feuillages et d'oiseaux et d'une frise de grecques. Décor en réserve de la couverte brune sur fond brun jaune. Haut. 0,23.

466. — Coupe de forme très évasée montée sur piédouche. Émail saumon à gouttelettes laiteuses, décoré intérieurement d'un semis de sapèques et de deux bâtons. Haut. 0,08.

467. — Genre Amamori. Bol de forme campanulée, monté sur un piédouche à trois encoches. La terre très fine est couverte d'un émail de ton crème à taches roses. Réparations en laque d'or. Haut. 0,09.

468. — Mizousachi de forme cylindrique se terminant vers la base en quadrilatère à pans coupés. Émail blanc décoré en brun, sur deux registres, de feuillages et de médaillons figurant des oiseaux fantastiques. Haut. 0,15.

469. — Pot hémisphérique de forme surbaissée, gravé de deux filets au pourtour et offrant, en jaune orangé sur émail craquelé de ton crème, le décor d'une plante largement tracée. Haut. 0,15.

470. — Grand bol à couverte grumeleuse claire, nuancée de taches rousses et noires. Haut. 0,12.

471. — Bol campanulé à couverte vert émeraude. Une frise de grecques et de palmettes légèrement dorées fait le tour de la panse à l'extérieur. Haut. 0,055.

472. — Bol à panse renflée, à couverte grise. Décor de feuilles de bambous brunes sur lesquelles les coulures laiteuses de l'émail forment une épaisse couche de neige. Haut. 0,085.

473. — Bol de forme tronconique coupée de gorges, interrompues par des creux obtenus par l'application du pouce dans la terre humide. Couverte craquelée jaune clair à l'extérieur et fauve à l'intérieur, surémaillée d'une couche grise crémeuse. Haut. 0,115.

474. — Petite coupe campanulée de terre très fine, avec couverte d'émail bleu, tacheté de blanc. Haut. 0,04.

475. — Coupe basse à couverte brune, décorée en réserve de fleurs de cerisier blanches et d'une poésie. Diam. 0,18.

476. — Brûle-parfums figurant un canard mandarin aux plumes gravées sous couverte brune, mouchetée de fauve et de jaune. Haut. 0,17.

477. — Vase à saké en forme de gourde circulaire percée d'un trou central et posant sur quatre petits pieds. Il est surmonté d'un goulot en laque d'or. Couverte mi-partie brun et vert avec décor en relief de feuillages et de fleurettes. Haut. 0,20.

478. — Vase en forme de seau très allongé muni à son sommet de trois petites anses. Couverte grise surémaillée de blanc ; coulures fauves se terminant dans le bas par de larges gouttes d'émail. Haut. 0,165.

479. — Pot à thé légèrement conique. Couverte sombre à moucheture métallique. Haut. 0,07.

480. — Pot à thé rétréci à la base et au sommet. Émail mauve décoré de fleurs de prunier peintes en bleu. Petit couvercle d'argent. Haut. 0,06.

481. — Pot à thé cylindrique à couverte fauve, surémaillée de jaune crémeux et laissant apparaître la terre jusqu'à mi-hauteur. Large gouttelette. Haut. 0,075.

482. — Pot à thé de forme tubulaire. La terre enduite d'un léger engobe fauve apparaît jusqu'aux deux tiers de la hauteur. Dans le haut, coulée d'émail verdâtre piqué de jaune. Réparation au laque d'or. Haut. 0,10.

483. — Grande sculpture décorative figurant un

bouc couché, la tête tournée en arrière. Couverte
gris clair. Long. 0,92; haut. 0,61.

484. — Groupe en deux pièces figurant une divinité féminine chevauchant un dragon. Émail crémeux rehaussé de tons bruns et noirs. Long. 0,37.

485. — Kogo représentant un tigre accroupi en
émail jaune à rayures brunes. Haut. 0,05.

486. — Godet à encre de Chine représentant un
personnage chinois. Épaisse couverte crème craquelée rehaussée de traits bleus. Haut. 0,18.

487. — Godet à encre de Chine figurant un
bœuf couché, couverte gris vert craquelé. Couvercle
en bois tacheté. Larg. 0,17.

488. — Théière de forme élancée à couverte crémeuse craquelée, décorée d'oiseaux en relief d'émail
bleu et noir posés sur des branches fleuries; couvercle ajouré. Haut. 0,17.

Grès de la Chine.

489. — Statuette d'un vieillard appuyé sur un
bâton; les chairs sont en réserve du grès brun,

avec la barbe et les cheveux émaillés en blanc, le vêtement figuré par la couverte gris bleu brillante, à bordure claire. Haut. 0,22.

490. — Garniture de pipe à opium, composée de trois fourneaux de pipe en grès émaillé à décor polychrome, sur un support à tiroir, celui-ci orné d'une plaque d'ivoire incrustée en nacre d'une scène à deux personnages.

Bronzes de la Chine

Périodes antérieures aux Soung.

491. — Miroir à ombilic, à décor de zones d'ornements en reliefs. Sous l'action du temps, la surface
du métal a pris une coloration verte d'une extrême
délicatesse, nuancée par endroits de scories bleuâtres. Diam. 0,16. Dynastie Tchéou.

492. — Coupe à libations tripode dite *Tséo*, à
déversoir allongé et garnie d'une anse latérale. Décor
de frises et de palmettes avec ornements en reliefs
sur fond géométrique gravé. Oxydations vert malachite. Haut. 0,19.

493. — Coupe à libations dite *Y* affectant la forme
d'un quadrupède fantastique, la tête formant déversoir, l'anse figurant un dauphin stylisé. Patine marbrée de rouge et tachée d'oxydations vertes en épais-
seur. Haut. 0,13.

Dynasties Soung et Ming.

494. — Grand vase couvert, en forme de balustre rectangulaire. Il offre, en léger relief, des frises à motifs de mascarons et d'animaux fantastiques sur fond gravé d'un décor géométrique, le tout rehaussé d'incrustations d'or, d'argent, de bronze rouge et de malachite. Les angles sont flanqués d'arêtes saillantes. Trois anses garnissent la panse, deux grandes sur l'épaulement, une autre plus petite à la partie inférieure. Patine verdâtre marbrée d'oxydations rousses et vert malachite. Haut. 0,57.

495. — Statuette figurant le dieu Koueï-Sing dans une attitude de course, la tête tournée de côté et tenant un godet à encre. Haut. 0,17.

496. — Vase balustre de forme quadrangulaire à parois légèrement déprimées, contourné d'une frise et de palmettes à motifs ciselés en léger relief sur fond de grecques. Dans le haut, deux mascarons de chimères. Bronze jaune, inscriptions sur deux faces. Haut. 0,16.　　　Daté de la période Siouen-té.

497. — Double vase à panses très surbaissées, coupées par le milieu d'une frise de palmettes et surmontées de cols cylindriques, dont le plus haut est accolé d'une petite tige feuillue. Sous le plus petit des deux vases, une tige munie de deux feuilles. Bronze jaune taché d'or. Haut. 0,10.

498. — Vase à corps cylindrique, d'où émergent, sur le côté, la tête et les pattes d'un dragon. Haut. 0,23.

499. — Coupe simulant une feuille de nénuphar enlacé de quatre tiges, celles-ci munies d'un bouton et de deux petites feuilles. Patine verdâtre marbrée de taches rousses. Haut. 0,09.

500. — Vase sur piédouche, à long col surmontant une panse sphérique, décorée de caractères d'écriture en relief. Patine sombre. Haut. 0,27.

501. — Petit pot de forme très surbaissée, posant sur trois pieds. La panse est ornée, en relief, de trois Apsaras dans les nuages disposées symétriquement. Haut. 0,06.

502. — Paire de vases sur piédouche, surmontés d'un col cylindrique à goulot évasé. Sur l'épaulement, frises de palmettes en relief. Haut. 0,18.

503. — Compte-gouttes figurant une pêche sur laquelle se pose une mouche. Haut. 0,05.

Bronzes du Japon

504. — Tête provenant de la statuette d'un Boud-
dha. Haut. 0,14.   xive siècle.

505. — Applique figurant une Apsara jouant de la
flûte. Haut.0,24.   xvie siècle.

506. — Grand vase formé d'une vasque munie de
deux anses verticales, montée sur trois pieds figurant des têtes d'éléphants. Zones d'oiseaux stylisés
au pourtour. Haut. 0,45.   xviie siècle.

507. — Brûle-parfums figurant un aigle perché sur
un rocher, la tête baissée et tournée à gauche.
Haut. 0,31.   Idem.

508. — Brûle-parfums figurant le crapaud fantastique du Sennin Gama. Haut. 0,09.   Idem.

509. — Grand vase hexagonal sur piédouche. La
panse, à angles saillants, est surmontée d'un large
col, contourné à la base d'une frise d'ornements et

s'évasant brusquement près de l'embouchure. Deux
mascarons à têtes de chimères sont posés en angle
sur deux faces. Haut. 0,34. xviie siècle.

510. — Flambeau formé d'une haute tige autour
de laquelle s'enroule un dragon. Sur la base, qui
figure un terrain rocheux, une petite figure battant
du gong. Haut. 0,50. xviiie siècle.

511. — Brûle-parfums à suspension figurant une
Apsara à pattes d'oiseaux, la tête tournée de côté, les
ailes éployées. Long. 0,17. Idem.

512. — Brûle-parfums à suspension figurant une
chauve-souris, les ailes éployées. Long. 0,28. Idem.

513. — Petit vase à piédouche élevé et panse côte-
lée, figurant une courge sur laquelle viennent s'appli-
quer six petites tiges ajourées, dont trois munies de
leurs feuilles. Patine claire nuagée. Haut. 0,16.
Idem.

514. — Brûle-parfums figurant une caille. Bronze
jaune ciselé et gravé, à patine marbrée figurant le
plumage nuancé de l'oiseau. Haut. 0,14. Idem.

515. — Brûle-parfums représentant un coq chan-
tant, le cou dressé. Réparation à la crête. Haut.
0,35. Idem.

516. — Porte-bouquet cylindrique figurant un

7

tronc de bambou garni de trois petites feuilles' en chakoudo et cuivre jaune, l'une d'elle, champlevée d'émail vert turquoise. Haut. 0,19.   xvIII^e siècle.

517. — Porte-bouquet d'applique figurant un tronc de bambou sur lequel grimpe une cigale. Patine brun clair. Haut. 0,19.   Idem.

518. — Jardinière formée d'une grande coupe conique largement évasée, posant sur un socle qui figure une vague aux crêtes écumantes. Deux tortues nagent au milieu des ondes. Haut. 0,23. Idem.

519. — Presse-papier figurant une vipère sur une feuille de bambou. Long. 0,15.   Idem.

520. — Presse-papier représentant deux enfants s'apprêtant à passer une longue perche dans les anses d'un panier. Haut. 0,05.   Idem.

521. — Presse-papier figurant une grenouille. Long. 0,07.   Idem.

522. — Presse-papier figurant une carpe. Bronze jaune. Long. 0,08.   Idem.

523. — Presse-papier figurant une natte de paille en cuivre jaune sur laquelle est posé un lapin d'argent. Long. 0,11.   Idem.

524. — Netsuké figurant une tête de dragon, la

gueule ouverte, les yeux et les dents en incrustation d'argent. Bronze jaune.   xviii° siècle.

525. — Presse-papier figurant une tortue. Bronze
jaune.   Idem.

526. — Applique en cuivre repoussé et ciselé figurant un oiseau de Hô. Long. 0,26.   Idem.

527. — Écran en cuivre jaune offrant, en fort
relief, le buste d'un Sennin bâillant et s'étirant.
Long. 0,44.   xix° siècle.

528. — Pigeon, une aile éployée, perché sur un
tronc d'arbre ; les yeux incrustés d'or et de chakoudo. Haut 0,32.   Idem.

Objets en fer

529. — Héron en fer ciselé, debout, la tête légèrement tournée de côté. Le plumage des ailes et le duvet du ventre sont très légèrement modelés ; l'aigrette, le jabot et les deux grandes plumes du dos se détachent en relief. Haut. 0,18.   xviiᵉ siècle.

530. — Gerbe d'iris à trois longues feuilles, garnie d'une fleur dont le bout est enveloppé d'un cornet de papier. Haut. 10,37.   .   Idem.

531. — Brûle-parfums en forme de sphère aplatie montée sur trois petits pieds. Le couvercle est ajouré au centre de l'armoirie des Tokungawa qui se trouve répété trois fois sur le pourtour, en relief et incrustation d'or. Haut. 0,07.   xviiiᵉ siècle.

532. — Petite statuette en fer repoussé figurant Dharma assis et tenant un chasse-mouches en incrustation de cuivre et d'argent. Haut. 0,04.   Idem.

533. — Fleur de camellia garnie de deux feuilles. Long. 0,12.   Idem.

534. — Tube formé par l'enroulement d'une feuille de fougère. Haut. 0,05.   xviiie siècle.

535. — Valve de moule de rivière, incrustée de minces filets d'argent. Long. 0,125.   Idem.

536. — Petite applique figurant un chanteur des rues tenant son chamisen. Haut. 0,08.   Idem.

537. — Petite applique figurant une cigale.
                 Idem.

538. — Très petit crabe articulé.   Idem.

539. — Applique en fer repoussé figurant un tigre accroupi. Haut. 0,19.   Idem.

540. — Boîte à tabac, figurant le sujet légendaire de la bouilloire transformée en blaireau, la tête et la queue de l'animal apparaissant en repoussé sur les deux faces de la pièce. Une épuisette est posée sur le couvercle.   Idem.

Accessoires d'armes

et d'armures

---

541. — Masque d'armure de forme très plate, les yeux, les sourcils et la bouche largement évidés.

xve siècle.

542. — Demi-masque d'armure à nasal mobile, décoré, au menton, d'une armoirie à feuilles de sagittaire.

xvie siècle.

543. — Demi-masque d'armure modelé de rinceaux sur les côtés et décoré de trois fleurettes stylisées.

Idem.

544. — Muselière de cheval en fer ajouré. Elle est composée de deux pièces reliées par des chaînettes et dont les montants encadrent deux disques repercés, l'un à motif de tomoyé, l'autre de paulownia.

xviie siècle.

545. — Ménouki représentant un serpent enroulé.

xviiie siècle.

546. — Paire de ménouki en fer poli figurant deux
vipères aux yeux incrustés d'or.   xviiie siècle.

547. — Anneau de sabre, en fer, à sertissure de
chakoudo et portant, en application d'un trait d'or,
le sujet d'un cheval galopant, à la queue et à la cri-
nière d'argent.   Idem.

548. — Ménouki en bronze rouge, figurant un
masque de diable à la bouche largement ouverte,
aux yeux incrustés d'or.   Idem.

549. — Paire de ménouki; l'un en or, figurant
une feuille d'érable, l'autre en forme de fleur de
cerisier, à pétales d'argent et pistils d'or.   xixe siècle.

Gardes de sabre

550. — Garde en fer ajouré d'un motif de *tomoyé*.
Antérieure à Kamakoura.

551. ——— ajouré d'une étoile à douze pointes.
Idem.

552. ——— ajouré, modelé et frotté d'or. Deux oiseaux au milieu des graminées, dont les feuilles sont cloutées de points d'argent et de bronze figurant des gouttes de rosée.   Région de Kioto. xvi° siècle.

553. ——— ajouré avec quelques incrustations d'or. Deux branches de chrysanthèmes.
Settsou. xvi° siècle.

554. ——— ajouré, avec incrustations d'or, de deux papillons.   Settsou. xvii° siècle.

555. — Garde en fer incrusté, en cuivre, de branches de kaki et de chrysanthèmes stylisés.
Foushimi. xvi° siècle.

556. — Garde en fer incrusté de forme quadrilobée, à surface bosselée. Motif de paulownias en incrustation de cuivre. Foushimi. xviie siècle.

557. —— décorée des deux Nio en incrustation de cuivre jaune et rouge, l'une des figures partiellement laquée. Foushimi. xvie siècle.

558. —— décorée, en incrustation de cuivre, de deux aigles, l'un perché sur un arbre, l'autre poursuivant un oiseau à longue queue. Au revers, motif de pampres. Higo. xviie siècle.

559. —— décoré d'un natté de cuivre rouge et jaune passant sur les deux faces de la pièce. Genre Moukadé. xvie siècle.

560. —— en laiton, cerclée et contournée d'un natté de fils de cuivre. Genre Moukadé. xviiie siècle.

561. —— en fer ajouré, recouvert de menues paillettes de cuivre. Genre Gomokou-Zogan. xvie siècle.

562. —— incrusté d'une agglomération de paillettes et de lamelles de cuivre. Genre Gomokou-Zogan. xvie siècle.

563. —— ajouré et frotté d'or. Deux dragons affrontés passant au milieu de rinceaux ; bordure à motif de perles et de festons. Genre Namban. xvie siècle.

564. — Garde en fer formée d'une rondelle criblée
de trous sur laquelle se détache, en reliefs frottés
d'or, un motif de dragons au milieu de rinceaux.

Genre Namban. xvi° siècle.

565. ———— ajouré et frotté d'or à motif d'entre-
lacs et d'animaux variés, oiseaux, singe, cerf et
insecte.   Genre Namban. xvi° siècle.

566. ———— très mince, ajouré de fleurettes et de
rinceaux, avec quelques rehauts d'or.

Genre Namban. xvii° siècle.

567. ———— ajouré et modelé. Tsuna combattant
le démon.   Style de Hikkossouké. xvi° siècle.

568. ———— ajouré, avec incrustations d'or, d'argent et de bronze, figurant la légende de la perle
sacrée dérobée par le roi des dragons.

Atelier de Hiïraghiya. xvi° siècle.

569. ————ajouré d'un motif de faucille et modelée, en très léger relief, d'une citrouille et d'un
papillon. Sur l'autre face une grenouille. Incrustation de quelques points d'or.

Style de Kanéiyé. xvi° siècle.

570. ———— incrusté d'or. Paysage au bord de la
mer, avec une pagode en arrière-plan et vol d'oies
sauvages.   Style de Kanéiyé. xvi° siècle.

571. — Garde en fer de forme quadrilobée et modelée, sur une face, de Kanzan et Jittokou, l'un tenant un fruit, l'autre un bol. Sur l'autre face, une cascade. Style de Kanéiyé. xvii° siècle.

572. ———— légèrement modelée, sur une face, d'une barque amarrée dans les roseaux. Au revers, motif de filets au bord de la mer. xvii° siècle.

573. ———— damasquiné d'or. Paysage montagneux au bord d'une rivière, modelé en léger relief. Nagasaki. École des Yakouchi. xvii° siècle.

574. ———— lobée et ajourée d'une guirlande de fleurs de cerisier. Genre Itozukashi. xv° siècle.

575. ———— finement repercé en forme de chrysanthème. xvi° siècle.

576. ———— repercé d'un motif de rondelles. xvi° siècle.

577. ———— ajourée en silhouette d'un cryptomeria et d'une lanterne de temple. Style du xiv° siècle.

578. ———— ajouré. Huit fleurs de prunier disposées en cercle. Style des Ashikga. xvi° siècle.

579. ———— carrée, ajourée de deux cigognes affrontées en arabesques. Genre Kizoukashi, xvii° siècle.

580. — Garde en fer, modelée de façon à figurer des lamelles de métal superposées, et repercée d'une fleur de paulownia. Genre Itozukashi. xviiiᵉ siècle.

581. ——— ajourée de deux fleurettes de cerisier. Genre Kizoukashi. xviiiᵉ siècle.

582. ——— très massive, en fer damasquiné d'or et d'argent, figurant une tête de coq. xviiᵉ siècle.

583. ——— à surface bosselée, ciselée de vagues et de nuages. xviiᵉ siècle.

584. ——— offrant des traces de dorure et décorée, en très léger relief, d'éventails entr'ouverts. xviiᵉ siècle.

585. ———. Semis de monnaies incrustées en relief de bronze. xviiᵉ siècle.

586. ——— ajouré, à surface veinée et figurant deux hirondelles au vol disposées symétriquement. xviiᵉ siècle.

587. ———, modelé en forme de lapin. xviiᵉ siècle.

588. ———, formée de cinq aubergines ciselées en relief. Idem.

589. — Garde en fer ajouré, formée des trois singes légendaires entrelaçant leurs longs bras pour se fermer mutuellement les yeux, les oreilles et la bouche.

590. ————— ajouré et vigoureusement ciselé d'une branche de cerisier fleurie.   xviiie siècle.

591. ————— ajouré, à motif d'étriers et d'arçons de selles.   Idem.

592. —————, d'un grain très fin et percée de deux ouvertures cintrées aux tranches arrondies. Idem.

593. ————— de forme rectangulaire à angles abattus. La surface du métal est finement gravée de façon à imiter les veines d'un vieux morceau de bois, fendillé par endroits et consolidé par des agrafes d'argent. Un décor de voiles et de mâts est figuré en léger relief, ainsi que les disques du soleil et de la lune en incrustation d'or et d'argent. xviiie siècle.

594. ——— en bronze rouge, lobée et décorée de feuilles d'érables et de flots incrustés en shakoudo et en or.   Idem.

595. ——— à rebord surélevé, décoré d'un motif de dragons en or et argent.   Idem.

596. — Petite garde en fer décorée, en relief et frottis d'or, de Raïden battant ses tambourins.

XVIIIe siècle.

597. — Fer recouvert d'une couche épaisse de laque noir, à décor de dragon en relief, sur la face, et de caractères archaïques au revers.   Idem.

Objets en métaux divers

---

598. — Inro composé d'une gaine en fer renfermant trois compartiments en argent. L'une des faces extérieures, en fer, est modelée d'un décor de vagues écumantes en très léger relief. Plus haut le disque de la lune est figuré par un ajourage découvrant la paroi en argent de la boîte intérieure. La face opposée offre un panneau à décor de fleurs ciselées, en or et chibuitchi.   xviiiᵉ siècle.

599. — Inro à quatre compartiments, en sentokou gravé et rehaussé d'incrustations d'or. Hiro Yassumassa jouant de la flûte, tandis qu'un assassin, s'avançant derrière lui, s'apprête à le frapper d'un coup de sabre.   Idem.

600. — Netsuké en argent, figurant un champignon, à tige de chakoudo, avec incrustation de caractères d'écriture en relief d'or.

601. — Compte-gouttes en bronze figurant un

tambourin décoré de deux branchettes de cerisier fleuri en incrustation d'argent.

602. — Compte-gouttes, en bronze rouge, serti dans un plateau de shakoudo, et figurant les deux coquilles d'une noix, l'une retournée et montrant l'intérieur du fruit.

603. — Presse-papier en forme de règle, champlevé, sur bronze, de rosaces à émaux bleus, jaunes et rouges.

604. — Règle en laque noir, revêtue d'une monture en sentokou niellé de rinceaux d'argent, avec plaquette de cuivre en forme de croix champlevée d'émaux verts.

605. — Très petit cadenas, en argent ciselé, les deux branches se terminant en têtes de dragon.

606. — Petite bourse à mailles filigranées très fines, ornée de boules émaillées et ajourées.

Netsuké

Netsuké en bois.

SHUZAN ET SON ÉCOLE

607. — Personnage légendaire tenant une gourde.

608. — Le pèlerin Saïghio tenant son bâton, la tête levée et tournée à droite.

609. — Guerrier terrassant un dragon.

610. — Sennin tenant la perle sacrée.

611. — Saïghio appuyé sur son bâton et levant la tête.

NETSUKÉ DIVERS

612. — Netsuké de lutteur en bois naturel figurant deux athlètes dont l'un, saisissant son adversaire par la ceinture, le soulève de terre. Haut. 0,12.

613. — Groupe figurant Ténaga monté sur le dos d'Achinaga et ramassant un crabe.

614. — Kappa monté sur un coquillage.

615. — Marcassin couché.

616. — Paysan appuyé sur une natte enroulée.

617. — Personnage caricatural dans le style du Tobayé.

618. — Personnage accroupi tenant une boîte d'où s'est échappé un rat.

619. — Danseur de Nô masqué et assis sur un tabouret.

620. — Personnage dormant le visage contre terre.

621. — Dharma assis.

622. — Crapaud sur une sandale.

623. — Jeune fille se cachant la figure avec sa manche.

624. — Vieillard lisant un livre et se faisant masser par un aveugle.

625. — Sculpteur de masque.

626. — Pêcheur assis sur un coquillage dont les valves se sont refermées sur l'extrémité de sa ceinture.

627. — Acrobate, les pieds passés de chaque côté du cou.

628. — Bûcheron dormant la tête appuyée sur son fagot.

629. — Enfant sciant une gourde.

630. — Montreur de singe.

631. — Sennin couché sur un crapaud gigantesque.

632. — Personnage assoupi.

633. — Chien à longs poils.

634. — Personnage tenant un bâton et une lanterne.

635. — Ouvrier assis, les bras croisés, devant son billot.

636. — Personnage dansant et tenant un éventail.

637. — Personnage bâillant, tenant un livre.

638. — Personnage debout, tenant un bâton.

639. — Danseur de Nô. Bois polychromé.

640. — Enfant tenant une coquille d'awabi. Bois polychromé.

641. — Chojo monstrueux et son petit. Laque tsui-chu.

642. — Hotei, assis, accoudé sur son sac. Laque tsuichu.

643. — Masque de démon, type Rachômon. Bois naturel.

644. — Masque de démon, même type. Bois naturel de ton clair.

645. — Masque de démon, type Héchimi, en bois naturel très fruste.

646. — Masque de jeune homme, type Jorokou. Bois naturel.

647. — Masque de vieille femme à l'expression douloureuse, type Ouwa. Bois laqué blanc.

648. — Masque de vieil aveugle. Bois naturel.

649. — Masque d'homme bâillant. Bois naturel.

650. — Masque de vieille femme, à l'expression rieuse. Bois naturel de ton clair.

651. — Masque monstrueux, au nez aplati, les yeux incrustés en ébène. Bois naturel clair.

652. — Masque d'homme grimaçant, la bouche tordue de côté. Bois naturel.

653. — Masque de jeune homme, la bouche entr'ouverte. Bois naturel clair.

654. — Masque de singe. Bois naturel clair.

655. — Masque d'homme riant, le visage entièrement sillonné de rides.

656. — Masque de renard, à mâchoire mobile, laqué blanc, rehaussé de rouge dans les oreilles.

657. — Masque de Chojô, à l'expression rieuse. Laque tsuichu.

658. — Masque de Chojo, en laque tsuichu, à figure grimaçante.

659. — Masque de démon, en bois naturel, type de Rachomon.

660. — Masque de démon, en bois naturel, les yeux incrustés de métal.

661. — Masque de femme à l'expression douloureuse, type Ouwa. Bois naturel.

662. — Masque en bois naturel, au long nez recourbé.

663. — Petit masque laqué blanc, type Ouwa.

664. — Masque laqué blanc, avec quelques touches roses, type d'Otobidé.

665. — Masque de Bougakou, en laque noir.

Netsuké en ivoire.

666. — Masque de démon.

667. — Loir et champignon.

668. — Personnage assoupi sur un mortier.

669. — Grenouille sur une feuille de lotus enroulée.

670. — Personnage assis sur un grelot gigantesque.

671. — Aveugle faisant une grimace.

672. — Personnage dansant, les mains croisées derrière le dos.

673. — Personnage courant.

674. — Démon du tonnerre.

675. — Grenouille dans une feuille de lotus. Ivoire brun rouge et vert.

676. — Chienne allaitant ses petits.

677. — Grenouille sur un bambou.

678. — Petit enfant jouant sur un pendentif de temple.

679. — Petit masque, représentant un homme tirant la langue.

680. — Grenouille et serpent.

681. — Pieuvre sur une terrine à l'intérieur de laquelle est un couteau.

682. — Personnage rampant sur une gigantesque feuille de lotus. Patine brune.

683. — Personnage exotique.

684. — Netsuké en corne de cerf figurant un renard déguisé en prêtre, appuyé sur un grelot.

Coulant.

685. — Coulant en ivoire; singe tenant un kaki.

Étuis de pipe

---

686. — Étui de pipe creusé dans une tige de bambou à patine brunâtre, sur laquelle courent des fourmis, l'une tirant une larve, une autre poussant un œuf, le tout en menues incrustations de fer, de cuivre, de nacre et d'argent. Embouchure doublée intérieurement d'un anneau d'ivoire.

687. — Étui de pipe en bois naturel, sculpté à l'imitation d'un vieux morceau de bambou piqué de trous d'insectes et rongé par l'humidité. A l'extrémité supérieure est ajustée une bague d'ivoire patiné.

688. — Étui de pipe, à couvercle rentrant, en forme de tube aplati. Sur le fond de bois naturel nuagé de marbrures noires, est figuré, en gravure et sculpture à plat, le sujet du Rakan Pandakka accompagné du dragon et d'un serviteur.

689. — Étui de pipe en os, décoré, sur chaque face, en incrustation d'écaille teinté, d'une branche de prunier fleurie aux pétales de nacre sculptée avec pédoncules d'écaille rouge nuancé de vert.

Pochette à tabac

et ornements de pochettes

690. — Pochette en soie tissée, en couleurs tendres sur fond or, d'un décor de personnages. Kanamono à motif de jouets ciselés en métaux divers.

691. — Kanamono figurant un chamisen en bronze mokoumé, la peau simulée par une plaquette d'argent.

692. — Grand kanamono en argent ciselé représentant une tortue.

693. — Kanamono en ivoire sculpté de deux jeunes chiens.

Éventails

---

694. — Éventail décoré, sur les deux faces, de
nuages à reflets métalliques.   xviiie siècle.

695. — — décoré de frises à motifs de fleurs et de
méandres.   Idem.

696. — — décoré d'un cerisier fleuri et de pivoines sur fond or.   Idem.

697. — — décoré, sur une face, de Narihira à cheval
suivi de deux serviteurs, s'arrêtant pour contempler
le Fouji. Au revers, troupe de cigognes au bord d'un
marais.   Idem.

698. — — décoré d'un pin sur fond rouge et or ;
au revers, vol de papillons et d'hirondelles.   Idem.

699. — — décoré sur les deux faces de passiflores
à fond d'or.   Idem.

700. — Éventail décoré de pivoines et de glycines
sur fond d'or.   Idem.

701. — Éventail décoré, sur les deux faces, de fleurs des champs sur fond argent.   xviiie siècle.

702. —— décoré d'une poétesse se préparant à jouer du koto.   Idem.

703. —— décoré d'une scène comique à trois personnages.   Idem.

704. —— en papier d'argent décoré d'un paysage montagneux et d'une touffe de chrysanthèmes.

Idem.

705. —— en forme d'écran, à décor de paons dans les pivoines et les cerisiers.   Idem.

706. —— décoré d'un buisson de fleurettes.

xixe siècle.

707. —— décoré d'une vue du Fouji.   Idem.

708. —— décoré d'un lac au pied d'une montagne.   Idem.

709. —— décoré d'un buste de Dharma représenté en femme.   Idem.

Étoffes du Japon

710. — Foukousa, en velours épinglé, offrant, dans une harmonie sourde de bleu foncé, de bleu clair et d'ocre, un décor touffu de nuages et de dragons sur fond bis. Long. 0,52 ; larg. 0,52.

xvie siècle.

711. — Petit panneau en velours frappé, représentant Dharma traversant les flots. Long. 0,33 ; larg. 0,21.

Idem.

712. — Fragment d'étoffe sacerdotale à large décor de chrysanthèmes stylisés, en bleu et beige sur fond crème lamé d'or. Long. 0,54 ; larg. 0,44.

Idem.

713. — Fragment de tissu Gobelin à double face, décoré d'un lotus stylisé en une harmonie éteinte d'ors bronzés, de bleus et de jaunes sur fond rose. Long. 0,78 ; larg. 0,44.

Idem.

714. — Petit panneau en tissu Gobelin offrant,

sur les deux faces, un décor polychrome représentant une chimère environnée de nuages. Long.
0,37 ; larg. 0,34.   xviiᵉ siècle.

715. — Fragment de tissu à fond brun, broché, en
couleurs, de chrysanthèmes héraldiques et de nuages. Long. 0,92 ; larg. 0,43.   Idem.

716. — Fragment d'obi, à fond jaune, tissé d'ornements géométriques et décoré de rosaces à sujet
de dragons et de nuages. Long. 0,80 ; larg. 0,33.
                                             Idem.

717. — Fragment de soie havane, tissée, en tons
bleu vert et jaune, de frises alternées figurant des
chimères stylisées et des fleurettes. Long. 0,71 ;
larg. 0,68.   Idem.

718. — Fragment décoré de pivoines dans un encadrement de palmettes. Long. 0,40 ; larg. 0,26.
                                             Idem.

719. — Petit morceau d'étoffe tissé, en vert et or
sur fond havane, d'un paon faisant la roue. Long.
0,31 ; larg. 0,24.   Idem.

720. — Fragment d'étoffe, à fond d'ornements
géométriques, brochée d'un décor de bambous et
de fleurs. Long. 0,68 ; larg. 0,43.   Idem.

721. — Fragment de velours épinglé à décor de

påpillons et de feuilles de paulownias, coupé de lignes sinueuses s'enlevant, en brun et blanc, sur fond beige. Long. 0,41 ; larg. 0,58.   xviie siècle.

722. — Fragment tissé, sur fond citron, de frises de pivoines en couleurs alternées. Long. 1 ; larg. 0,72.   Idem.

723. — Fragment broché de deux *mon* aux cigognes sur fond losangé. Long. 0,26 ; larg. 0,20.

Idem.

724. — Foukousa à fond mi-partie rouge et bleu, broché de motifs géométriques et coupé de quatre médaillons à cigognes héraldiques, dont deux partiellement en velours, le tout rehaussé de fils d'or et encadré d'une bande de velours de travail chinois. Haut. 0,97 ; larg. 0,82.   xviiie siècle.

725. — Foukousa tissé, en jaune sur fond vert, d'un semis de camellias et brodé au centre du *mon* aux glycines en soie noire. Long. 0,67 ; larg. 0,72.

Idem.

726. — Foukousa brodé de trois lapins en blanc, jaune et or, sur fond bleu damassé. Long. 0,53 ; larg. 0,60.   Idem.

727. — Foukousa en soie rose damassée d'un décor de pivoines et de papillons et brodée du *mon* à la plume de faucon. Long. 0,38 ; larg. 0,63. Idem.

728. — Foukousa brodé, sur fond bleu foncé, d'un singe bateleur. Long. 0,52 ; larg. 0,52. xviiie siècle.

729. — Foukousa brodé, en couleurs et or sur fond rose damassé, de gerbes de graminées et d'un bol en porcelaine contenant des pêches. Long. 0,51 ; larg. 0,51.   Idem.

730. — Foukousa brodé, en rouge sur fond jaune, d'une cordelière nouée et d'écheveaux bleus, rouges et or. Doublure de flanelle blanche, brodée, en noir, d'un *mon* à trois feuilles. Long. 0,65 ; larg. 0,65.

Idem.

731. — Parement d'autel tissé, sur fond bleu, de nuages et de médaillons en couleurs et or. Long. 2,16 ; larg. 1,13.   Idem.

732. — Sept fragments provenant d'un tissu à décor d'ombelles et de graminées, brochées en rose, jaune et vert sur fond or. Deux grandes bandes, long. 1,41, larg. 0,58, et cinq bandes étroites en longueur.   Idem.

733. — Pièce de soie décorée, sur fond chaudron, de frises à médaillons d'oiseaux, de dragons et de pivoines. Long. 1,05 ; larg. 0,98.   Idem.

734. — Carré de soie offrant, sur fond bleu clair coupé de nuages blancs, un vol de cigognes brochées en brun, blanc et rouge. 0,96.   Idem.

735. — Bande de soie à motifs superposés, représentant l'enceinte d'un palais et des jardinières fleuries, en bleus variés sur fond jaune. Long. 0,99 ; larg. 0,56.   xviii° siècle.

736. — Obi broché de larges motifs de tresses et de fleurs enrubannées, sur un fond strié de larges zones blanches et roses encadrées d'or. Long. 3,40 ; larg. 0,42.   Idem.

737. — Fragment d'obi, broché d'un décor superposé de glycines en couleurs, sur fond nuagé vert et bistre, rayé de losanges. Long. 1,70 ; larg. 0,40.
                                                    Idem.

738. — Carré de soie décoré d'œillets, en ton clair sur fond havane. 0,59.   Idem.

739. — Petit panneau en hauteur tissé d'une divinité bouddhique de style archaïque. Haut. 0,20 ; larg. 0,07.   Idem.

740. — Broderie figurant le pelage d'un daim tacheté. Long. 0,33 ; larg. 0,19.   Idem.

741. — Fragment de soie tissée de losanges en couleurs alternées. Long. 0,41 ; larg. 0,37.   Idem.

742. — Carré de soie tissé, en ors éteints sur fond bleu, de dragons et de nuages. 0,40.   Idem.

743. — Fragment de tissu à fond d'or, décoré, en bleu, de fleurs stylisées. Long. 0,27 ; larg. 0,35.

xviiie siècle.

744. — Fragment de soie beige tissée de jaune, à médaillons d'oiseaux et de pivoines en brun, jaune et bleu. Long. 0,37 ; larg. 0,34.   Idem.

745. — Fragment en hauteur tissé d'oiseaux de Hô et de paulownia, s'enlevant en tons clairs sur fond chaudron damassé. Haut. 1 ; larg. 0,56.   Idem.

746. — Fragment à semis d'oiseaux de Hô héraldiques, coupé de quatre disques sur fond lamé d'or. Long. 0,45 ; larg. 0,30.   Idem.

747. — Fragment de soie décoré sur fond saumon d'un semis de *mon* variés. Long. 0,86 ; long. 0,74.   Idem.

748. — Petit carré de velours épinglé, à décors de rosaces et de rinceaux dans une harmonie sourde de bleu en deux tons. 0,26.   Idem.

749. — Fragment de tissu à fond jaune, décoré de chimères et de néfliers à feuillage bleu. Long. 0,31 ; larg. 0,37.   Idem.

750. — Fragment de bande en largeur, brochée, en couleurs, de phénix dans les pivoines, sur fond brun damassé. Larg. 1,15 ; long. 0,29.   Idem.

751. — Fragment d'obi, décoré, en réserve jaune
sur fond bleu, de cartouches quadrilobés, à motifs de
fleurs et de rosaces en couleurs. Long. 0,68 ; larg.
0,34.   xviii⁰ siècle.

752. — Fragment d'obi tissé, en brun et blanc,
d'un décor de dragon dans les vagues. Long. 0,85 ;
larg. 0,32.   Idem.

753. — Fragment de soie décoré, en beige, de
bambous et de lignes sinueuses sur fond vert strié.
Long. 0,28 ; larg. 0;38.   Idem.

754. — Fragment de soie rose damassée, à décor
de fleurs et d'oiseaux de Hô, brodé au centre d'un
nénuphar blanc. Long. 0,83 ; larg. 0,71.   Idem.

755. — Carré de tissu vert broché d'un décor de
fleurs en or éteint, avec semis de pétales de lotus en
broderie blanche. Monté en foukousa. 0,70.   Idem.

756. — Carré de soie tissé d'un décor géométrique
en or sur fond bleu, coupé d'une double frise d'éventails et de médaillons à sujets d'oiseaux dans les
arbres. 0,56.   Idem.

757. — Fragment de soie décoré de bandes verticales de couleurs alternées, figurant des tigres dans
les bambous. Déchirures. Long. 0,67 ; larg. 0,72.

                                              Idem.

758. — Fragment de tissu bleu décoré de troncs de cerisiers fleuris en mordoré gris et argent. Long. 0,64; larg. 0,69.   xviiie siècle.

759. — Fragment d'obi strié de bandes tricolores avec semis de roues et de carrés brochés en couleurs et or. Long. 0,98; larg. 0,44.   Idem.

760. — Fragment broché de rosaces en losanges et de cigognes héraldiques. Long. 0,46; larg. 0,19.

Idem.

761. — Petit carré en tissu lamé d'or, décoré en angle d'un *mon* de couleur rouge. 0,36.   Idem.

762. — Fragment de soie crème décorée, en couleurs tendres, d'oiseaux de Hô, de chrysanthèmes et de nuages. Long. 0,78; larg. 0,56.   Idem.

763. — Fragment broché de paulownia sur fond bleu, coupé de lignes sinueuses. Long. 0,45; larg. 0,19.   Idem.

764. — Fragment à décor d'oiseaux de Hô dans les camélias. Long. 0,57; larg. 0,32.   Idem.

765. — Fragment à décor de grenade sur fond bleu. Long. 0,54; larg. 0,32.   Idem.

766. — Fragment circulaire : Pêche au cormoran. Diam. 0,20.   Idem.

767. — Fragment de tissu à décor d'iris, sur fond lamé d'or. Long. 0,25 ; larg. 0,18.　xviiie siècle.

768. — Carré de tissu à décor de cigognes. 0,20.
Idem.

769. — Fragment de soie tissé de frises de fleurs. Long. 0,25.　Idem.

770. — Fragment en hauteur tissé de jeunes chiens jouant. Haut. 0,38 ; larg. 0,20.　Idem.

771. — Foukousa brodé en angle du sennin Bachiko, en or et couleurs sur fond blanc. Long. 0,65 ; larg. 0,65.　xixe siècle.

772. — Foukousa brodé, sur fond rose, d'un vol de cigognes dans un cadre circulaire, figurant un tronc de pin en ors et couleur. Long. 0,97 ; larg. 0,81.
Idem.

773. — Foukousa brodé, sur les deux faces, d'un vol de cigognes dans les vagues. Long. 0,76 ; larg. 0,81.　Idem.

774. — Petit foukousa en crêpe gris, décoré, en teinture à réserves, d'un socle surmonté d'une chimère auprès d'une plume de paon et d'une fleur de camellia. Long. 0,43 ; larg. 0,50.　Idem.

775. — Petit foukousa à fond bleu damassé et

décoré en teinture de deux tambourins et de fleurs
de cerisier. Long. 0,46 ; larg. 0,53.   xix° siècle.

776. — Fetit foukousa dégradé rose et vert, avec
réserve d'un *mon* à trois fleurs. Long. 0,44; larg.
0,48.   Idem.

777. — Bande en broderie à décor de pivoines sur
fond strié à rinceaux d'or. Long. 0,71 ; larg. 0,33.

Idem.

778. — Petit foukousa en soie rose, décoré au centre,
en réserve blanche, du *mon* au paulownia. Long. 0,46 ;
larg. 0,37.   Idem.

779. — Grande pièce de soie tissée de rosaces à
motifs de dragons et d'oiseaux de Hô sur fond bleu.
Long. 2,07 ; larg. 2,30.   Idem.

780. — Fragment de soie décorée de gerbes de
pivoines en couleurs sur fond brun. Long. 0,58 ;
larg. 0,63.   Idem.

781. — Foukousa en soie jaune pâle, peint d'un
éventail déployé, à sujet de cigognes sous des arbres,
en couleurs sur fond nuagé d'or. Le bas de l'éventail est coupé par un balai largement indiqué à
l'encre de Chine. Long. 0,71 ; larg. 0,79.   Idem.

782. — Obi tissé de bandes alternées et décoré,
en réserve blanche, d'un semis de chrysanthèmes.
Long. 3,77 ; larg. 0,33.   Idem.

783. — Fragment à décor de chrysanthèmes et de vagues. Long. 0,42; larg. 0,27. xixe siècle.

784. — Tissu de pochette, à décor très menu de cerfs et de biches. Long. 0,47; larg. 0,25. Idem.

785. — Fragment à motif de palmier. Long. 0,36; larg. 0,22. Idem.

786. — Fragment décoré de médaillons floraux sur fond veiné. Long. 0,47; larg. 0,18. Idem.

787. — Deux carrés de soie tissée d'un décor d'oiseaux de Hô et de paulownia, en une harmonie délicate de tons roses et bleus, sur fond vert. 0,46.
xviiie siècle.

788. — Deux fragments : Velours épinglé à décor de zones alternées à motifs de fleurettes. Long. 0,29; larg. 0,17. — Médaillon ovale broché d'une pivoine sur fond lamé d'or. Long. 0,15; larg, 0,10.
xviie et xviiie siècles.

789. — Deux fragments de soie à décor d'alvéoles bleues et chaudron, brodé d'un *mon* à trois feuilles bleues. Long. 0,43; larg. 0,40. xviiie siècle.

790. — Deux fragments : Éventail à motif de cigogne sur fond à damier. Long. 0,33; larg. 0,16. — Branche fleurie sur fond à losange. Long. 0,26; larg. 0,13. Idem.

791. — Deux fragments de tissus de pochette :
Semis de gardes et de garnitures de sabres ; —
Motifs d'inro.   xix° siècle.

792. — Deux fragments de tissus de pochette :
Personnages dans la neige ; — Canards sur les eaux.
                              Idem.

793. — Deux tissus Gobelin, l'un à décor de canards, l'autre à motif de carpes dans les eaux.
                              Idem.

794. — Deux fragments d'un même tissu broché
d'un décor d'éventail sur fond à damier.   Idem.

795. — Deux fragments, décorés, l'un de canards
sur la glace, l'autre d'un semis d'estampes d'après
les « Trente-six vues du Fouji ».   Idem.

796. — Deux fragments à décor de semis de monnaies et de motifs d'hortensias sur fond lamé d'or.
                              Idem.

797. — Deux fragments à semis de fleurs de cerisier sur la glace et d'hortensias.   Idem.

798. — Deux panneaux en hauteur, tissés, en tons
différents, d'un même sujet représentant une scène
à trois figures de style européen. Long. 0,41 ; larg.
0,22.   Idem.

799. — Deux fragments, l'un décoré de médaillons

à motifs de cigognes, de tortues et de fleurs de cerisier, l'autre d'un vol de cigognes. xixe siècle.

800. — Deux fragments, l'un à décor d'oiseau de Hô dans les nuages, l'autre présentant un semis de chrysanthèmes. Idem.

801. — Deux fragments, l'un à motif de palmier sur fond d'imbrications, l'autre à motif d'alvéoles et broché d'une rosace. Idem.

802. — Deux fragments : Semis de faisans, de dragons et de fleurettes. — Masques de Nô.
xviiie siècle.

803. — Deux pièces : Médaillons à sujets de coqs. — Travaux champêtres. Idem.

804. — Deux pièces : Tissu de pochette à décor de bœufs. — Tissu de pochette : scène du Yoshiwara en ombres chinoises. Idem.

805. — Deux fragments de tissus de pochette : Scènes nocturnes. — Fête sur l'eau. Idem.

806. — Trois fragments : Velours épinglé à décor de pivoines sur fond lamé d'or. Long. 0,37 ; larg. 0,28. — Carré de velours épinglé à damier havane et crème. 0,26. — Soie rose tissée d'une rosace crème. Long. 0,26 ; larg. 0,15. xviiie siècle.

807. — Trois petits fragments de tissus de pochette à motif de singes, de coqs et d'aubergines.

xviiie-xixe siècles.

808. — Trois fragments : Poissons. — Paons. — Vols de passereaux.   Idem.

809. — Trois fragments : Frise d'enfants dans les vignes; — Semis de bois; — Décor floral frappé à l'imitation d'un cuir.   xviiie-xixe siècles.

810. — Trois fragments : Les dieux du bonheur; — Même sujet réduit; — Bateleurs.   Idem.

811. — Quatre fragments de velours à dessins variés.   Idem.

812. — Cinq fragments : Velours à décor de chrysanthèmes gaufrés et rapportés; — Tissu décoré d'un vol de libellules; — Tissu décoré de médaillons sur fond à dessins géométriques; — Tissu de pochette représentant des jeux d'enfants; — Tissu à décor d'attributs et de médaillons floraux sur fond géométrique.   Idem.

Peintures

École de Toça.

813. — *Mitsuoki*. Porte-bouquet d'applique ren-
versé, auprès d'un narcisse, d'un camellia et d'une
branche de cerisier fleuri. Kakémono papier. Haut.
0,38; larg. 0,28. xviie siècle.

814. — *Soumiyoshi Kinaï*. Poétesse assise, en
somptueux costume de cour. Kakémono soie. Haut.
0,75; larg. 0,29. Idem.

815. — *Soumiyoshi* (École de). Cigogne debout
sur une patte, une aile entr'ouverte. Kakémono
papier. Haut. 1,07; larg. 0,50. Idem.

816. — *Anonyme*. Kwannon monté sur un cheval
noir. Médaillon. Kakémono papier. Diamètre 0,79.
xvie siècle.

École de Kano.

817. — *Motonobou.* Vue d'un étang aux rivages escarpés plantés de vieux arbres, avec kiosque sur pilotis, et barques de pêche. Kakémono papier. Haut. 0,35; larg. 0,28. xvıᵉ siècle.

818. — *Motonobou.* Mésange sous les branches d'un cerisier fleuri. Kakémono papier. Haut. 0,37; larg. 0,53. Idem.

819. — *Yukinobou.* Oiseau à longue queue perché sur un rocher au-dessus d'une touffe de narcisses. Kakémono papier. Haut. 0,63; larg. 0,28. Idem.

820. — *Yeitokou.* Tige de crêtes de coq. Kakémono papier. Haut. 0,90; larg. 0,34. Idem.

821. — *Koï.* Hotei conduisant à la perche une barque dans laquelle il a chargé son sac. Kakémono papier. Haut. 0,94; larg. 0,44. xvııᵉ siècle.

822. — *Shokwado.* Hirondelle perchée sur un nénuphar. Kakémono soie. Haut. 0,67; larg. 0,31. Idem.

823. — *Shokwado.* Deux moineaux sur une branche de bambou. Médaillon ovale sur papier. Kakémono. Haut. 0,23; larg. 0,31. Idem.

824. — *Shokwado.* Hoteï appuyé sur son sac. Kakémono papier. Haut. 0,25 ; larg. 0,30.

825. — *Sansetsou.* Paysage d'hiver : cavalier suivi de son serviteur, cheminant dans la neige ; en arrière-plan, un rocher planté de deux vieux arbres. Kakémono papier. Haut. 0,51 ; larg. 0,38.

xviie siècle.

826. — *Sansetsou.* Voyageur monté sur une mule, cheminant dans un paysage montagneux couvert de neige. Kakémono papier. Haut. 1,11 ; larg. 0,50.

Idem.

827. — *Taniu.* Vue d'une terrasse dominant un horizon de montagnes, et animée de deux personnages en costume chinois. Kakémono soie. Haut. 0,24 ; larg. 0,28.

828. — *Taniu.* Singes aux longs bras suspendus en grappe, le premier assis sur une liane. Kakémono papier. Haut. 1,20 ; larg. 0,41.   Idem.

829. — *Taniu.* Hoteï portant sur l'épaule son sac suspendu à son bâton. Kakémono papier. Haut. 0,95 ; larg. 0,37.

830. — *Taniu.* Trois hérons blancs dans la neige, l'un d'eux planant. Kakémono papier. Haut. 1,22 ; larg. 0,50.

831. — *Taniu.* Cheval très largement indiqué à l'encre de Chine. Kakémono papier. Haut. 0,33 ; larg. 0,54. xvii° siècle.

832. — *Naonobou.* Pigeon ramier sur une branche de magnolia fleuri. Kakémono papier. Haut. 0,24 ; larg. 0,28.

833. — *Naonobou.* Héron blanc vu de face dans les roseaux, se silhouettant en réserve sur un fond légèrement teinté. Kakémono papier. Haut. 0,95 ; larg. 0,34. Idem.

834. — *Naonobou* (attribué à). Prêtre, de profil à droite, agitant la sonnette sacrée. Kakémono papier. Haut. 1,16; larg. 0,47. Idem.

835. — *Tsunénobou.* Martin-pêcheur sur une tige de roseau. Kakémono papier. Haut. 0,36; larg. 0,52. Idem.

836. — *Tsunénobou.* Paon blanc faisant la roue, les yeux de la queue s'enlevant en vert et or. Kakémono soie. Haut. 1,13; larg. 0,52. Idem.

837. — *Morikaghé.* Vue d'un lac au pied de hautes montagnes ; au premier plan, bouquet d'arbres d'où émerge le toit d'un temple. Kakémono papier. Haut. 0,32; larg. 0,53.

Commencement du xviii° siècle.

838. — *Anonyme*. — Paravent bas à deux feuilles, offrant la vue d'un intérieur, avec des gerbes de fleurs disposées dans un baquet et dans un vase, une cage renfermant une caille, un kakémono à motif de passereaux, un tabouret sur lequel est assis un chat. Long. 1,93; haut. 0,75.   xviie siècle.

839. — *Anonyme*. Coq et poule. Panneau soie. Haut. 0,44; long. 0,85.   Idem.

840. — *Anonyme*. Aigle sur un tronc d'arbre, de profil à droite. Kakémono papier. Haut. 1,38; larg. 0,57.   Idem.

841. — *Anonyme*. Corbeau perché sur une souche. Kakémono papier. Haut. 0,89; larg. 0,33.   Idem.

842. — *Anonyme*. Nid d'aiglons sur une branche de chêne. Kakémono papier. Haut. 0,57; larg. 0,26.   Idem.

843. — *Anonyme*. Philosophe chinois monté sur une mule et traversant un pont. Kakémono papier. Haut. 0,67; larg. 0,26.   Idem.

École de Sesshiu.

844. — *Sesshiu*. Héron debout sur un rocher au milieu d'un étang. Kakémono papier. Haut. 1,06; larg. 0,36.   xve siècle.

845. — *Sesshiu.* Oie dormant, la tête sous l'aile. Kakémono papier. Haut. 0,90; larg. 0,40.   xv° siècle.

846. — *Sesshiu.* Défilé dans une gorge rocheuse, abritant les pavillons d'un temple. Kakémono papier. Haut. 1,03; larg. 0,38.   Idem.

847. — *Shiughetsu.* Touffe de pivoines blanches s'épanouissant auprès d'un rocher devant lequel picore un moineau. Kakémono papier. Haut. 0,94; larg. 0,45.   Idem.

848. — *Sesson.* Groupe de cinq oies dans les roseaux. Kakémono papier. Haut. 0,31 ; larg. 0,46.
                xvi° siècle.

849. — *Sesson.* Couple de pigeons sur une branche de cerisier fleuri. Kakémono papier. Haut. 0,29; larg. 0,40.   Idem.

850. — *Keishoki.* Paysage montagneux animé d'un prêtre et de son serviteur traversant un pont. Forme écran. Kakémono papier. Haut. 0,33; larg. 0,36.   Idem.

851. — *Doan.* Vue d'un lac environné de hautes montagnes au pied desquelles se voit un temple dans un bouquet d'arbres. Kakémono papier. Haut. 0,46; larg. 0,34.   Idem.

École chinoise.

852. — *Kawo.* Paire de kakémono, l'un figurant Kanzan les mains dans ses manches, l'autre représentant Jittokou déroulant un makiémono. Kakémono papier. Haut. 0,71 ; larg. 0,31.   xiv° siècle.

853. — *École de Kawo.* Jittokou déroulant un makiémono. Kakémono papier. Haut. 0,87; larg. 0,31.   xv° siècle.

854. — *Shiuboun.* Paysage montagneux : au premier plan, les pavillons d'un temple dans une forêt de pins; dans le lointain, des cîmes rocheuses émergeant du brouillard. Forme écran. Kakémono papier. Haut. 0,33; larg. 0,33.   xv° siècle.

855. — *Sotan.* Faucon blanc sur un perchoir orné d'une cordelière verte. Kakémono papier. Haut. 0,94; larg. 0,35.   Idem.

856. — *Shiuko.* Figure de jeune fille, vue à mi-corps, représentant la légendaire marchande de paniers tenant dans ses mains un rouleau de sapèques. Kakémono papier. Haut. 0,86 ; larg. 0,39.
                         Idem.

857. — *Shiuko.* Village de pêcheurs sur les rives

d'un marais planté de roseaux. Composition circulaire. Kakémono papier. Haut. 0,32; larg. 0,27.

xve siècle.

858. — *Ghéami*. Paysage boisé au bord d'un lac
avec fond de montagnes émergeant du brouillard.
Kakémono papier. Haut. 0,26; larg. 0,43.　　Idem.

859. — *Tchokwan*. Épervier de chasse sur son
perchoir garni d'une cordelière d'attache. Kakémono papier. Haut. 1; larg. 0,44.　　　xvie siècle.

860. — *Nitchokwan*. Héron au plumage tacheté,
debout sur un tronc d'arbre. Kakémono papier.
Haut. 0,92; larg. 0,25.　　　　　　　　Idem.

861. — *Tani Bountshô*. Philosophe chinois. Kakémono papier. Haut. 1,10; larg. 0,51.

Fin du xviiie siècle.

Les Indépendants.

862. — *Sôtatsou*. Paravent à quatre feuilles décoré
de pivoines et de fleurs des champs sous une touffe
de lunaires, de graminées et d'ombelles; gouache
polychrome sur fond d'argent. Long. 2,22; haut.
1,56.　　　　　　　　　　　　　　　　xviie siècle.

863. — *Sôtatsou*. Paire de paravents à six feuilles,
offrant chacun la vue d'un jardin fleuri de plantes

variées, chrysanthèmes, pivoines, crêtes dé coq,
hortensias, chardons, pavots, etc. ; gouache polychrome sur fond bis pailleté d'or. Long. 3,70; haut.
1,55.   xvııe siècle.

864. — *Kôrin*. Groupe de poussins largement
exécuté à l'encre de Chine rehaussée d'or. Kakémono papier. Haut. 0,33; larg. 0,58.
                                  Fin du xvııe siècle.

865. — *Kôrin*. La poétesse Komatchi, accusée de
plagiat, efface d'un recucil de poésies anciennes
une pièce de vers fraîchement transcrite. Kakémono
papier. Haut. 0,24; larg. 0,31.   Idem.

866. — *Kôrin*. Jeune seigneur debout sur une
barque qu'il conduit au moyen d'une perche. Encre
de Chine cursive rehaussée de rose et d'or. Kakémono papier. Haut. 0,25; larg. 0,27.   Idem.

867. — *Kôrin*. Rocher au milieu des flots. Aquarelle rehaussée de gouache polychrome et d'or.
Kakémono papier. Haut. 0,25; larg. 0,32.   Idem.

868. — *Kôrin*. Érable dans les rochers. Kakémono
papier. Haut. 0,95; larg. 0,39.   Idem.

869. — *Kôrin*. Touffe de pavots à fleurs blanches
et rouges rehaussées d'or. Panneau papier. Haut.
0,25; long. 0,35.   Idem.

870. — *Kensan*. Tige de datura fleurie. Aquarelle rehaussée de gouache et d'or, dans un médaillon lobé. Kakémono papier. Haut. 0,28 ; larg. 0,42.

Fin du xviie siècle.

871. — *Kensan*. Bol de Rakou rose garni d'un liseron avec sa feuille. Aquarelle rehaussée de gouache et d'or. Kakémono papier. Haut. 0,18 ; larg. 0,16.

Idem.

872. — *Ritsuô*. Jeune femme en somptueux costume de danse, un tambourin à côté d'elle. Aquarelle gouachée et rehaussée d'or. Kakémono soie. Haut. 0,66 ; larg. 0,31.   xviiie siècle.

873. — *Ritsuô*. Daim tacheté vu de dos, la tête dressée se détachant sur le disque de la lune, les pattes cachées par un bouquet d'herbes. Kakémono papier. Haut. 0,79 ; larg. 0,39.   Idem.

874. — *Kakô*. Le Fouji s'enlevant en clair sur un ciel bleu sombre ; touffes de fleurettes au premier plan. Aquarelle rehaussée de gouache et d'or. Kakémono soie. Haut. 0,22 ; larg. 0,36.   Idem.

875. — *Matsushita*. Paravent bas à deux feuilles, offrant un décor de fleurs devant le disque de la lune, sur un fond poudré d'or, rompu de motifs géométriques. Papier. Haut. 0,56 ; long. 1,80.   Idem.

876. — *Gu-yosaï.* Manzaï bondissant dans un mouvement de danse. Exécution très cursive. Kakémono papier. Haut. 1,18 ; larg. 0,58.

xixe siècle.

877. — *Zéshin.* Paire de kakémono figurant un aigle perché sur un rocher en face d'une chute d'eau reflétant son image. Kakémono soie. Haut. 0,93 ; larg. 0,34.   Idem.

878. — *École d'Otsu.* Jeune femme tenant des tiges de glycines. Aquarelle largement exécutée sur papier. Kakémono. Haut. 0,60 ; larg. 0,23.

xviiie siècle.

879. — *Anonyme.* Deux panneaux de porte figurant un char fleuri de chrysanthèmes, en couleurs et reliefs de pâte sur fond d'or. Haut. 1,13 ; larg. 0,60.   ' xviiie siècle.

École de Shijo.

880. — *Okio.* Perspective d'une ville animée de nombreux personnages en promenade dans les rues et sur les quais ou assis au bord de l'eau. Kakémono soie. Haut. 0,45 ; larg. 0,30.   xviiie siècle.

881. — *Okio.* Vue d'un lac ; en arrière-plan, les pentes d'une chaîne de montagne s'estompent dans le brouillard. Kakémono papier. Haut. 0,36; larg. 0,58.   xviii° siècle.

882. — *Okio*. Trois jeunes chiens jouant. Kaké-mono soie. Haut. 0,86; larg. 0,47.   Idem.

883. — *Sosen*. Daim tacheté regardant en arrière. Kakémono papier. Haut. 1,06; larg. 0,38.   Idem.

884. — *Sosen*. Un singe agenouillé cherchant à abattre un kaki à coups de gaule. Kakémono papier. Haut. 1,07; larg. 0,28.   Idem.

885. — *Torei*. Tigre accroupi se léchant la patte. Kakémono soie. Haut. 1,07; larg. 0,44.   Idem.

Oukiyo-Yé.

886. — *Matahei* (?). Jeune seigneur de trois quarts à gauche en robe verte à bordure de chry-santhèmes, la main gauche sur la poignée de son sabre et tenant un rameau de cerisier fleuri. Panneau soie. Haut. 0,86; larg. 0,34.   xvii° siècle.

887. — *Suite de Matahei*. — Jeune femme mar-chant vers la droite, vêtue d'une robe bleu pâle à large décor de chrysanthèmes, deux sabres passés dans la ceinture. Panneau soie. Haut. 0,58; larg. 0,28.   Idem.

888. — *Suite de Matahei.* Jeune femme debout, en robe blanche à semis de fleurettes et de rosaces géométriques, tenant un rameau fleuri. Kakémono papier. Haut. 0,79; larg. 0,30.   xviie siècle.

889. — *Style de Mataheï.* Deux dames et un jeune homme jouant au jeu de gô. Kakémono soie. Haut. 1,20; larg. 0,51.   xviiie siècle.

890. — *Itchio.* Passage d'un gué; groupe de porteurs chargés d'un palanquin, cavaliers, et passeurs portant des voyageurs sur leurs épaules. Kakémono papier. Haut. 0,31; larg. 0,53. Fin du xviie siècle.

891. — *Itchio.* Danse caricaturale de cinq personnages armés de sabres. Kakémono papier. Haut. 0,31; larg. 0,52.   Idem.

892. — *Itchio.* Enfant cherchant à retenir un buffle par sa longe. Encre de Chine cursive sur papier. Kakémono. Haut. 0,30; larg. 0,42. Idem.

893. — *Itchio.* Deux jeunes femmes marchant sous une ombrelle, suivies d'un porteur chargé d'une malle. Kakémono papier. Haut. 0,28; larg. 0,42.   Idem.

894. — *Itchio.* Hotei endormi sur son sac. Kakémono papier. Haut. 0,28; larg. 0,57.   Idem.

895. — *Itchio.* Pêcheur à la ligne endormi sur

un tronc de saule. Kakémono soie. Haut. 0,34; larg. 0,44. Fin du xviie siècle.

896. — *Itchio.* Deux manzaï aux masques d'Oka-mé et de Daïkokou. Kakémono papier. Haut. 0,89; larg. 0,26. Idem.

897. — *Moronobou.* Jeune femme marchant vers la gauche et relevant d'une main les plis de sa robe à large décor de chrysanthèmes stylisés. Kakémono papier. Haut. 1,10; larg. 0,49. Idem.

898. — *Moronobou.* Jeune femme faisant sécher une bande d'étoffe; devant elle, un petit garçon tenant un baquet et montrant du doigt un oiseau sur un cerisier fleuri. Haut. 0,78; larg. 0,32.
Idem.

899. — *Massanobou.* Scène à trois figures; l'une d'elles, portant un collier formé de quatre pipes, s'appuie sur un bâton et tient de l'autre un balai; à ses pieds est couchée une femme derrière laquelle se tient un personnage portant un bol en guise de coiffure. Kakémono papier. Haut. 0,41; larg. 0,55.
xviiie siècle.

900. — *Massanobou.* Femme assise sur un banc. Elle est drapée d'une robe à semis de feuilles d'érable et motifs de damiers laissant à découvert les jambes

et la poitrine. Panneau papier. Haut. 1,06; larg.
0,19.   xviii° siècle.

901. — *Kwaighetsudo*. Jeune femme debout, drapée dans une robe à décor de cerisier fleuri, la tête
tournée de côté. Kakémono soie. Haut. 1,02; larg.
0,48.   Idem.

902. — *Tshoshum*. Très grand kakémono représentant une jeune femme, largement drapée d'une
robe à décor de fleurettes et de feuilles sur fond
quadrillé. Soie. Haut. 1,70; larg. 0,93.   Idem.

903. — *Tshoshun*. Jeune femme couchée, un livre
ouvert devant elle. Panneau papier. Haut. 0,39;
larg. 0,60.

904. — *Anonyme*. Jeune femme en robe blanche à
décor rouge et or. Panneau papier. Haut. 0,74;
larg. 0,29.   Idem.

905. — *Ranjo*. Courtisane en promenade marchant vers la gauche en kimono clair à décor de
cerisier fleuri. Kakémono soie. Haut. 0,47; larg.
0,23.   Idem.

906. — *Sukénobou*. Jeune femme, assise devant
un miroir, se faisant coiffer par sa suivante. En
arrière-plan, un coin du jardin. Kakémono soie.
Haut. 0,28; larg. 0,43   Idem.

907. — *Sukénobou*. Jeune femme relevant les plis de son manteau de la main droite et lisant une lettre. Kakémono papier. Haut. 0,93; larg. 0,39.

xviiie siècle.

908. — *Koriusaï*. Jeune femme marchant vers la gauche; au-dessus vole un passereau. Poésie dans le haut. Encre de Chine cursive rehaussée de rose et de bistre. Kakémono papier. Haut. 0,93; larg. 0,28.

909. — *Tsunémassa*. La légende de Benké et de Yoshitsuné figurée par un jeune homme tenant une flûte, et une jeune femme, en somptueux costume, dansant sur la balustrade d'un pont. Kakémono soie. Haut. 0,95; larg. 0,39.

910. — *Toyohiro*. Jeune femme sous l'averse, tenant une lanterne au bout d'un bâton. Kakémono papier. Haut. 0,90; larg. 0,26.   Idem.

911. — *Yeishi*. Un homme et deux jeunes femmes en promenade, à demi cachés sous leurs vastes ombrelles. Au-dessus, vole un oiseau dans le ciel nuageux. Kakémono soie. Haut. 1; larg. 0,29.

Idem.

912. — *Yeishi*. Jeune poétesse s'apprêtant à écrire, assise devant un tabouret en laque rouge; le sujet est encadré dans un demi-cercle surmonté d'un

cerisier fleuri. Kakémono soic. Haut. 0,86; larg. 0,30.   XVIIIe siècle.

913. — *Yeishi*. Jeune femme debout, vue de dos et se coiffant, un miroir à la main. Aquarelle cursive sur papier. Kakémono. Haut. 0,88; larg. 0,25.

Idem.

914. — *Toyoharou*. Scène d'apparition : figure de jeune femme vêtue de blanc, se dégageant d'un nuage d'encens. Au travers de la vapeur transparaît un bouquet de pavots dans un vase de porcelaine posé sur un socle de laque rouge. Kakémono soie. Haut. 1,02; larg. 0,28.   Idem.

915. — *Outamaro*. Scène maternelle : jeune femme debout en kimono clair et ceinture noire accrochant une moustiquaire; à ses pieds, joue son enfant couché sur le dos et tenant un écran. Kakémono soie. Haut. 0,86; larg. 0,30.   Idem.

916. — *Outamaro*. Femme nue vue de dos s'apprêtant à entrer dans sa baignoire, une jambe plongeant dans l'eau. Kakémono soie. Haut. 1,06; larg. 0,55.

917. — *Harushigé*. Deux gheshas, l'une assise et jouant du koto, l'autre debout derrière elle tenant son shamisen. Kakémono soie. Haut. 0,88; larg. 0,32.   Idem.

918. — *Shunyei*. Très grand kakémono sur fond or, représentant le sennin Koreïjin assis auprès d'un tigre à fourrure blanche. Papier. Haut. 1,12; larg. 1,34.   xviiie siècle.

919. — *Shunyei*. Jeune femme nue assise devant un baquet et se bouchant les oreilles au bruit du tonnerre figuré par un démon. Aquarelle cursive sur papier. Haut. 1,04; larg. 0,27.   Idem.

920. — *Dooun*. Groupe de deux jeunes femmes dans la neige; l'une tenant un parasol, l'autre se baissant pour nettoyer du bout de son éventail la sandale de sa compagne. Kakémono papier. Haut. 0,83; larg. 0,34.   Idem.

921. — *Shunman*. Courtisane en promenade, accompagnée de ses deux petites suivantes. Grisaille sur soie. Kakémono. Haut. 0,76; larg. 0,32.   Idem.

922. — *Shunman*. Deux jeunes femmes s'abritant contre l'averse sous un grand parasol. Kakémono soie. Haut. 0,84; larg. 0,31.   Idem.

923. — *Toyokouni*. Danseuse en robe violette, tenant un éventail; au-dessus, la cloche d'un temple et une branche de cerisier fleuri. Kakémono soie. Haut. 0,97; larg. 0,49.

924. — *Hok'saï*. Dharma sur la feuille de roseau.

Poésie dans le haut. Aquarelle cursive en rose et gris. Kakémono papier. Haut. 0,94 ; larg. 0,26.

925. — *Hok'saï*. Courtisane, de profil à gauche, ayant une grande lanterne à côté d'elle. Kakémono papier. Haut. 0,80 ; larg. 0,30.   xviiiᵉ siècle.

926. — *Hok'saï*. Jeune femme en manteau sombre, le corps cambré en arrière, la tête penchée de côté. Poésie dans le haut. Kakémono papier. Haut. 1,20 ; larg. 0,28.

927. — *Hok'saï*. Courtisane en promenade sous un cerisier fleuri. Kakémono papier. Haut. 0,92 ; larg. 0,26.

928. — *Hok'saï*. Vue d'un torrent coulant en cascade. Kakémono soie. Haut. 0,95 ; larg. 0,25.

929. — *Hok'saï*. Pèlerin assis au revers d'un talus, son chapeau pendu dans le dos. Poésie dans le haut. Encre de Chine. Kakémono papier. Haut. 0,63 ; larg. 0,27.

930. — *Hok'saï*. Vieille paysanne appuyée sur son bâton, un panier de poissons sous le bras gauche. Encre de Chine sur papier. Kakémono. Haut. 0,86 ; larg. 0,27.

931. — *Hok'saï*. Paon, la tête levée, guettant une araignée suspendue à son fil. Une longue poésie

encadre de chaque côté la composition. Kakémono
papier. Haut. 1,28; larg. 0,55.

932. — *Hok'saï*. Foukouroujou appuyé sur son
bâton. Aquarelle en rose et gris. Kakémono papier.
Haut. 0,72; larg. 0,27.

933. — *Hok'saï*. Rochers boisés au bord de la
mer avec village au premier plan et montagnes
dans le fond. Kakémono papier. Haut. 0,33; larg.
0,55.

934. — *Hok'saï*. Groupe de pêcheurs au bord
de la mer rentrant leurs filets, les uns halant, les
autres manœuvrant au cabestan. Panneau papier.
Haut. 0,73; long. 1,35.

935. — *Hok'saï*. Paysan sous la neige essuyant
un tonneau. Kakémono papier. Haut. 0,97; larg.
0,28.

936. — *Hok'saï*. Langouste. Encre de Chine cursive sur papier. Kakémono. Haut. 0,84; larg. 0,28.

937. — *Hok'saï*. Trois aquarelles : 1° crevette;
2° balai et accessoires de tchanoyou; 3° tige d'iris
fleurie. Kakémono papier. Haut. 1,13; larg. 0,29.

938. — *Hok'saï*. Blaireau déguisé auprès de la
marmite féerique. Kakémono papier. Haut. 1,01 ;
larg. 0,28.

939. — *Hok'saï.* Hoteï roulant une gigantesque boule *Mani.* Kakémono papier. Haut. 0,27; larg. 0,39.

940. — *Hok'saï.* Hoteï devant son sac tenant une inscription. Kakémono papier. Haut. 0,58; larg. 0,31.

941. — *Hokosaï.* Tortue de longévité sur la boule *Mani,* exécutée d'un large coup de pinceau et surmontée de caractères d'écriture. Kakémono soie. Haut. 0,94; larg. 0,33.

942. — *Hok'saï.* Diablotin assis, une pipe et une coupe à saké posées devant lui. Poésie dans le haut. Petit kakémono papier. Haut. 0,17; larg. 0,13.

943. — *Shinsaï.* Courtisane en robe de gaze blanche, marchant vers la gauche. Kakémono papier. Poésie dans le haut. Haut. 1,06; larg. 0,28.

xviii° siècle.

944. — *Shinsaï.* Jeune femme debout, de profil à droite, le bras droit mi-ployé. Kakémono papier. Haut. 0,90; larg. 0,30.

945. — *Hokuyen.* Jeune femme marchant vers la gauche. Poésie dans le haut. Kakémono papier. Haut. 0,82; larg. 0,23.

946. — *Hokkeï.* Personnage couché, un livre

ouvert devant lui et s'accoudant pour regarder un vol d'oiseaux. Kakémono papier. Haut. 0,30; larg. 0,44.   XVIIIe siècle.

947. — *Hiroshighé*. Vue d'un torrent coulant entre deux rochers boisés réunis par un pont. Kakémono papier. Haut. 0,88; larg. 0,30.   Idem.

948. —· *Hiroshighé*. Vue du Fouji dominant une plaine de rizières que traverse un cours d'eau. Panneau papier. Haut. 0,93; larg. 0,29.   Idem.

949. — *Kounisada*. Paire de kakémono représentant le portrait d'un samouraï et de sa femme, se faisant face, assis chacun sur un coussin et tenant un chapelet. Poésie dans le haut. Kakémono soie. Haut. 0,90; larg. 0,34.   Idem.

950. — *Kouniyoshi*. Jeune femme debout tenant un rouleau de poésie. Décor de cerisier fleuri peint sur la monture. Kakémono papier. Haut. 1,26; larg. 0,57.   Idem.

951. — *Ghioko*. Jeune femme debout nouant un voile autour de sa coiffure, à ses pieds un battoir et un linge roulé sur un chevalet. Kakémono papier. Haut. 1,19; larg. 0,31.   Idem.

Meubles et vitrines

952. — Console en bois laqué rouge et frotté d'or, supportée par cinq pieds cintrés posant sur une tablette lobée. Elle est sculptée à jour d'ornements, de rinceaux fleuris et de têtes de dragons. Haut. 0,74 ; long. 0,66 ; profond. 0,33.   Travail japonais.

953. — Deux cabinets en palissandre, à porte rabattante formant tablette, la partie inférieure du meuble s'ouvrant à deux battants. Les panneaux de la porte rabattante, de travail japonais, sont décorés, pour l'un des cabinets, d'un motif de bambous et de cerisier fleuri en incrustation d'ivoire sculpté ; sur l'autre meuble, les panneaux offrent un semis de cartouches laqués en relief d'oiseaux et de personnages, dans le style de Ritsuô, sur fond natté. L'intérieur gainé en velours rouge. Haut. 1,85 ; long. 0,99 ; profond. 0,40.

954. — Deux vitrines murales, garnies de glaces

sur trois faces, à monture d'ébène incrusté de filets de cuivre. Haut. 1,50 ; long. 1,25 ; profond. 0,43.

955. — Vitrine table de style Louis XVI, en marqueterie de bois clair. Haut. 0,74; long. 1,11; profond. 0,58.

956. — Vitrine table en acajou. Haut. 0,75 ; long. 1,11 ; profond. 0,58.

957. — Table console en bois de fer sculpté et ajouré; dessus en marbre. Haut. 0,83; long. 1,50; profond. 0,78.   Travail chinois.

TABLE DES MATIÈRES

SCULPTURES	1
Masques de Nô	9
LAQUES	11
Inro	30
Peignes	34
CÉRAMIQUE	37
Grès Temmokou	48
Poteries de la Corée	49
— du Japon	53
BRONZES DE LA CHINE	93
— DU JAPON	96
OBJETS EN FER	100
ACCESSOIRES D'ARMES ET D'ARMURES	102
GARDES DE SABRE	104
OBJETS EN MÉTAUX DIVERS	111
NETSUKÉ	113
ÉTUIS DE PIPE	120

TABLE DES MATIÈRES

Pochette a tabac et ornements de pochettes . . .   122

Éventails   123

Étoffes du Japon   125

Peintures   139

ÉVREUX, IMPRIMERIE DE CHARLES HÉRISSEY